JULIA KOMP

MEINE WELTREISE IN *Rezepten*

*Wie ich meinen geliebten Stern
an den Nagel hängte, mich durch
20 Sehnsuchtsländer kochte
und viele kulinarische Souvenirs
mit nach Hause brachte*

Inhalt

Alle Rezepte sind, sofern nicht anders angegeben, für vier Portionen berechnet.

Julia Komp

Als ich 2016 meinen Stern bekommen habe, war ich unglaublich stolz, denn ich wollte vom ersten Tag meiner Ausbildung an Sterneköchin werden. Doch auch wenn ich mich sehr über die Auszeichnung gefreut habe, stand für mich fest, dass ich noch lange nicht ausgelernt hatte. Schließlich war und ist es mein Herzenswunsch, meine Gäste immer wieder mit neuen Geschmackserlebnissen zu überraschen. Mein Essen soll sie einfach glücklich machen.

Die Idee für meine Weltreise wurde 2018 geboren. Wir hatten in der Küche Kimchi eingelegt. Ich fand ihn lecker, aber auch fremd, und weil ich noch nie original koreanischen Kimchi gegessen hatte, wusste ich nicht, ob er gut genug für meine Gäste war. Und um das herauszufinden, musste ich mich selbst nach Asien aufmachen. Und so fasste ich den Entschluss, mich nicht auf meinem Stern auszuruhen, sondern mit ihm im Gepäck auf kulinarische Entdeckungstour zu gehen.

Ich merkte bald, dass mein Plan, die echte, authentische Landesküche kennenzulernen indem ich dort kochte, wo der ganz normale Alltag der Leute stattfand, an einer unerwarteten Hürde scheitern würde: der Verständigung. Statt in Straßenküchen heuerte ich daher als Praktikantin in »richtigen« Restaurants an. Ab da lief alles wie am Schnürchen, denn ich wurde von einer Küche in die nächste weiterempfohlen, in Hotels eingeladen und auf Gourmetfestivals als Gastköchin gebucht.

Zurückgekommen bin ich mit einem Koffer voller Gewürze und vielen tollen Ideen für neue Rezepte, für die ich den authentischen Geschmack modern interpretiert habe. Leichter und mit mehr Gemüse. Fine Dining eben. Aber keine Sorge: Sie brauchen keine Profiküche, um meine Rezepte nachzukochen, und Sie müssen auch nicht immer alle Komponenten auf den Teller bringen. Machen Sie es einfach wie ich und experimentieren Sie. Probieren Sie, was Sie anspricht. Werden Sie kreativ, jonglieren Sie mit den Mengen und würzen Sie nach Ihrem Geschmack. Haben Sie Mut zu Salz und Säure und kochen Sie vor allem mit Liebe und Gefühl. Das ist das Allerwichtigste.

Welches Land am Ende mein Lieblingsland war? Das lässt sich gar nicht so genau sagen. Kulinarisch waren Korea und Indien für mich die absoluten Highlights. Korea, weil man dort Gemüse richtig feiert, und Indien wegen all der unglaublichen Gewürze. Landschaftlich war der Oman die Nummer 1. Dort habe ich mich gefühlt wie im Paradies. Und Indonesien, Malaysia und Marokko waren unübertroffen, was die Gastfreundschaft der Menschen angeht. Vor allem in Indonesien bin ich wirklich auf Händen durchs Land getragen worden. Eines weiß ich aber ganz genau: Irgendwann werde ich wieder die Koffer packen, um auch noch im Rest der Welt auf Aromajagd zu gehen.

Orient

Türkei, Katar, Oman, Dubai

Ich liebe den Orient – wegen seines entspannten Lifestyles, seiner Märkte, der Farben und Gerüche – und natürlich auch wegen der unendlichen Gewürzvielfalt. Und so entschied ich mich, dass meine Reise dort beginnen sollte …

HALLO, WELT
Meine Reise beginnt

Mein Plan, zu einer kulinarischen Weltreise aufzubrechen, war gefasst. Ich wusste nur noch nicht genau, in welches Land ich als Erstes fahren sollte. Nach ein paar Tagen hatte ich die zündende Idee: Ich wollte erst einmal einen Freund in Katar besuchen, um ein bisschen runterzukommen, ehe es »richtig« losging.

Um Geld zu sparen, flog ich nicht direkt, sondern buchte mit einem Zwischenstopp in Istanbul. Ich liebe die pulsierende Metropole am Bosporus – und ich liebe das türkische Essen. Die vielen Gewürze, die ganzen Meze, Bulgur, Lamm, Granatapfel ... Diesmal hatte ich zwar nur ein paar Stunden am Flughafen, aber die genügten, um mich gedanklich schon mal auf die orientalische Küche einzustimmen.

Katar

Mein Plan, erst einmal entspannt ein paar Tage in Katar zu chillen, ging auf. Es gab dort gerade so viel zu sehen, dass es nicht langweilig wurde, ohne dass man das Gefühl hatte, man wäre den ganzen Tag nur am Sehenswürdigkeitenabklappern. Außerdem mag ich die arabische Art einfach gerne: im Café sitzen, den Leuten zuschauen, Wasserpfeife rauchen, die Zeit vertrödeln ... Für all das habe ich in meinem normalen Alltag ja so gut wie keine Zeit. Umso mehr genoss ich es hier.

Ich schlenderte über die Märkte und erfreute mich an den Gerüchen und Farben. Ich erfuhr, dass der größte und bekannteste Markt, Souq Waqif, gar nicht so alt war, wie er aussah. Stattdessen wurde er einfach nach den Kindheitserinnerungen des aktuellen Herrschers, Scheich Hamad bin Khalifa Al Thani, neu aufgebaut. Ich fand es trotzdem wunderschön dort. In dem Labyrinth aus Ständen, Läden und Gassen gab es superviele Cafés und Restaurants. Und überall saßen schwarz gekleidete Beduinenfrauen und boten ihre Speisen an. Sie waren reich geschmückt, ihre Hände waren über und über mit Tattoos verziert und sie trugen Masken aus schimmerndem Metall, die mich irgendwie an Ritterüstungen erinnerten. Sehr außergewöhnlich.

In Katar habe ich auch das erste Mal Kunafa gegessen, eigentlich ein türkisch-syrisches Gebäck – oder ein syrisch-türkisches. Da streiten sich die Geister. Ich bin ja sonst nicht so für Süßes, mit Baklava und solchen Dingen kann man mich nicht

Raus aus dem (Küchen-)Alltag, rein ins Abenteuer: Erster Zwischenstopp auf dem Weg weiter nach Osten war der Wüstenstaat Katar, wo ich noch ein paar Tage Urlaub machen wollte, ehe es weiterging.

kriegen. Aber das war etwas Besonderes. Zwischen einer Schicht aus zerkrümeltem Biskuit und Engelshaar, das sind superdünne Teigfäden, war eine salzige Schicht aus geschmolzenem Käse. Und das alles war dann mit richtig viel Zuckersirup durchtränkt. Trotz der unglaublichen Süße war das wirklich eine kulinarische Entdeckung, wenn auch nicht unbedingt eine landestypische.

An einem anderen Tag haben wir den Großmarkt besucht. Davon ist mir vor allem ein Stand in Erinnerung geblieben: der des Trüffelhändlers. Dort fuhr ein dickes Auto nach dem anderen vor. Jedes Mal ging die hintere Seitenscheibe runter und ich konnte kurz eine Frau sehen, der eine Trüffel ins Auto gereicht wurde, an der sie roch, ehe sie sie wieder zurückgab. Daraufhin wurde die Knolle gewogen, verpackt, zurück ins Auto gereicht und ein paar Scheine wechselten den Besitzer. Ich war verblüfft, dass die Kundinnen nicht ausstiegen. Noch mehr aber wunderte ich mich, dass es hier überhaupt Trüffeln gab. Von den Verkäufern habe ich dann erfahren, dass es Wüstentrüffel waren, die im Sand wachsen. Die Knollen sind sogar ziemlich groß. Allerdings ist ihr Geruch, wie ich mich natürlich gleich selbst überzeugen musste, eher mager. Kein Vergleich mit italienischen und französischen Trüffeln. Und leider konnte mir auch niemand sagen, wie sie landestypisch zubereitet werden ...

Außerhalb der Hauptstadt Doha gibt es am Meer verschiedene Ausflugsziele. Auf dem Weg dorthin fuhren wir an ein paar der Stadien vorbei, die für die Fußball-WM 2022 errichtet wurden. Das war schon surreal: Da steht mitten im Nirgendwo plötzlich ein Riesenstadion. Und die Bahnstationen dazu sehen aus wie Ufos, die gerade in der Wüste gelandet sind. Da sieht man weit und breit nichts und dann diese futuristischen Bauten. Und alles ist, wie mir mein Freund erzählt hat, so konstruiert, dass man es später wieder abbauen und in irgendeinem anderen Land wieder aufbauen kann. Schließlich braucht ja nach 2022 kein Mensch mehr so viele Fußballstadien in der Wüste. Das ist schon crazy.

Die Tage in Katar taten mir unglaublich gut. Ich habe richtig gespürt, wie der ganze Alltagsstress von mir abgefallen ist und ich mich von Tag zu Tag mehr entspannt habe. Genau so hatte ich es mir erhofft, denn jetzt konnte meine Reise wirklich beginnen – und mein erstes Ziel sollte der Oman sein.

Oman

Worauf ich mich besonders freute: Meine Freundin, die Pattiessière Anne Kratz, mit der ich bis kurz zuvor im Schloss Loersfeld zusammengearbeitet hatte, wollte dazustoßen, um mich eine Weile auf meiner »Jagd« nach neuen Geschmäckern zu begleiten.

Ich hatte in Dubai ein Mitglied des Colonia Kochkunstvereins kennengelernt, Ahmed, dessen bester Freund Besitzer einer Travel Agency war. Die beiden hatten eine richtig außergewöhnliche Reise für uns geplant. Wir fuhren fünf Tage quer durchs Land: Sie zeigten uns die schönsten Ecken in der Hauptstadt Muscat und in Nizwah, dem geistigen Zentrum des Landes. Mich interessierte dort allerdings weniger die Moschee als der Viehmarkt. Ein Wahnsinnsspektakel. Ein bisschen fühlte es sich an, als hätten man uns einfach so mal ins Mittelalter gebeamt.

Wir durchquerten die Wüste und besichtigten wunderschöne alte Städte und Burgen. Im Jebel-Akhdar-Gebirge bestaunten wir die Aflaj, uralte Wasserkanäle, die zum UNESCO-Weltkulturerbe gehören. Am meisten werden mir aber immer die Wadis in Erinnerung bleiben: Da sind mitten in den riesigen Bergen plötzlich Oasen mit Palmen, weißem Sand und knallblauem Süßwasser. Ich bin eigentlich nicht so der naturverbundene Mensch, aber das war wirklich überwältigend.

Natürlich wussten Ahmed und sein Freund, dass wir auch kulinarisch unterwegs waren. Und so legten sie immer wieder mal einen Stopp an einer kleinen Bude, einem Café oder einem Restaurant ein, damit wir die Spezialitäten des Landes probieren konnten. Überall schmeckte man den Einfluss der indischen und pakistanischen Küche, da aus diesen Ländern von jeher viele Menschen in den Oman kamen. Von der arabischen Seite her ist die Küche dagegen stark vom Jemen beeinflusst.

Das Essen war meistens recht einfach: Hähnchen, geschmortes Lamm, Hack mit Bohnen, gegrilltes Fleisch, Reis mit Kichererbsen und Zwiebeln, Curry auf Rotibrot, supersalzige eingelegte Gurken ... Und natürlich das Nationalgericht Shuwa. Das Fleisch dafür, Kalb, Rind, Lamm oder auch Pferd, wird zwei Tage lang mit Kräutern und Gewürzen in einem Erdofen gegart. Eine faszinierende Technik, die sich seit Jahrhunderten kaum verändert hat und die zeigt, wie sehr die Menschen hier in ihrer Kultur verwurzelt sind. Das mag ich sehr.

Was es auch fast überall gab, waren riesige Platten mit Reis, auf denen dann geschmortes Fleisch oder gebratener beziehungsweise gegrillter Fisch lag. Immer schön im Omani-Style gewürzt mit reichlich Kardamom, Kreuzkümmel, Chili, Koriander und Kurkuma. Dazu gab es einen schlichten Salat mit Gurke, Tomate und Paprika. Statt Dressing bekam jeder einfach ein Stück Zitrone dazu.

Gut gefallen hat mir auch, dass überall alle gemeinsam von einer Platte oder aus einer Schüssel aßen. Oft am Boden und mit den Händen. Das hatte so etwas Familiäres.

Es war lustig, mit einer guten Freundin auf Kamelen durch die Wüste zu reiten – und zugleich eine seltsame Vorstellung, dass diese Tiere über Jahrhunderte das einzige Transportmittel waren.

Auf dem Teppich wurde einfach eine Plastikfolie ausgebreitet und los ging's. Danach sah es aus, als hätte eine Bombe eingeschlagen – bis die Folie wieder weggeräumt und entsorgt war. Dann war alles wieder ordentlich.

Die letzten drei Tage verbrachten Anne und ich dann noch allein in Muscat. An einem Abend besuchten wir eine traditionelle Shisabar schräg gegenüber von unserem Hotel. Wir setzten uns an einen Tisch draußen an der Straße, denn im Oman sind solche Bars eigentlich Männerdomänen und wir wollten nicht so auffallen. Aber wir wurden sehr freundlich empfangen. Ein Herr am Nachbartisch reichte uns sogar einfach seinen Teller rüber, damit wir probieren konnten: gebratene Leber mit Zwiebeln. Ein supereasy Essen, das ich ähnlich aus libanesischen Mezeboxen kenne. Dort würzt man die Leber allerdings meist noch mit Granatapfelsirup und Essig.

Ich postete ein Bild auf Instagram und kurz darauf schrieb mich eine junge Marokkanerin an, die mir dort folgte. Sie wäre gerade ganz in der Nähe und fragte, ob wir nicht Lust auf eine Sightseeingtour hätten. Anne war zunächst skeptisch, aber schließlich konnte ich sie doch überzeugen, sich auf das Abenteuer einzulassen. Zum Glück, denn der Abend war dann auch wirklich nett. Unseer neue Bekannte arbeitete in der hiesigen Bibliothek und war total witzig. Nach einer Stadtführung fuhren wir raus in die Berge, von wo aus wir einen wunderbaren Blick auf das nächtliche Muscat hatten. Die Lichter der Stadt glitzerten mit den Sternen über uns um die Wette. Die ganze Szenerie hatte fast etwas Magisches.

Im Oman gibt es rund 100 verschiedene Dattelsorten und viele davon gibt es auf dem Dattelmarkt in Nizwa zu kaufen. Ein Wahnsinnserlebnis und eine unglaubliche Geschmacksvielfalt.

Bevor es zurück ins Hotel ging, kehrten wir noch in einem landestypischen Restaurant im Hinterland ein. In einigen Räumen wurde gerade eine Hochzeit gefeiert, während im Hof ein paar Frauen auf Holzkohleherden Brot backten. Klar, dass die Karte nur auf Arabisch war, aber dank unseres »Guides« hielt uns das nicht davon ab, direkt etwas zu bestellen. Anne entschied sich für ein Schmorgericht unter einer Brotkruste, unsere Freundin für eine riesige Portion gelben Reis mit ein bisschen Fleisch und ich nahm eine Gemüsepfanne. Dazu servierte man uns noch verschiedene Chutneys und Würzsaucen – lauter Kleinigkeiten, die wir uns zusätzlich auf die Teller häuften. Dabei waren die Portionen ohnehin schon riesig, wie so oft in Arabien. Aber auch wenn sich mein Magen deswegen irgendwann geschlagen geben musste: Ich liebe es einfach, ständig etwas Neues zu probieren.

An einem anderen Tag unternahmen Anne und ich auf eigene Faust eine Taxitour. Eigentlich hatten wir geplant, den Bus zu nehmen, aber dann hat uns dieser Taxifahrer angequatscht und nach ein paar Minuten hatten wir einen guten Preis ausgehandelt. Letztendlich hat es uns sogar weniger gekostet als der Bus und wir haben natürlich viel mehr gesehen. Vor allem aber war Nassim, unser Fahrer, superlustig. Er schickt mir heute noch manchmal Fotos auf Instagram.

Als Erstes ist er mit uns frühstücken gegangen, in ein ganz schlichtes weißes Café mit Marmorboden und Plastikstühlen. Von unserem Tisch aus konnte man direkt in die Backstube schauen. Ich war begeistert, denn ich habe ein Faible für orientalisches Brot. Hier wurde es aus einem ganz dünnen Teig gefaltet, fast wie ein Crêpe, aber weniger süß. Eher wie eine weiche Tortilla. Darauf kamen dann noch Pistazien und Honig. Superlecker! Dazu gab es Karaktee mit Safranfäden. Diesen gewürzten Schwarztee mit süßer Kondensmilch habe ich wirklich schätzen gelernt und zu jeder Tageszeit getrunken. Ich dachte eigentlich, das Rezept käme aus Pakistan. Aber als ich dann ein paar Monate später in Indien war, kannte man das Getränk überhaupt nicht. Es gab dort zwar auch Chai mit Milch, aber der schmeckte ganz anders.

An diesem Morgen jedenfalls machten wir noch eine komplette »Karakteeverkostung« und tranken neben der Version mit Safran auch noch andere mit Kardamom und vielen weiteren Gewürzen. Ich habe es geliebt! Zurück in Deutschland hat Anne deswegen auch gleich ein Dessert für mich entwickelt, das mich immer an den Oman und diese unglaubliche Reise erinnern soll.

Anne und ich wollten uns natürlich unbedingt auch noch den Gewürzmarkt ansehen. Er war wirklich wunderschön. Ich liebe ja Märkte generell, aber im Oman war alles viel ruhiger und ordentlicher, als ich es zum Beispiel aus Tunesien kannte. Hier hätte ich stundenlang herumbummeln können. Überhaupt war alles unglaublich sauber. Ich habe tatsächlich mal beobachtet, wie ein Mann irgendetwas auf die Straße geworfen hat und ein anderer ihn daraufhin ansprach und so lang neben ihm stehen blieb, bis er seinen Müll wieder aufgehoben und in einen Abfalleimer geschmissen hat. Was ich fast noch faszinierender fand, war, dass dabei kein einziges lautes Wort fiel. Und obwohl alles perfekt geregelt zu sein schien, habe ich die ganze Zeit über weder Polizei noch Security gesehen. Nicht einmal der Palast wurde bewacht. Alles erschien mir unheimlich friedlich. Ich bin fast versucht zu sagen: Der Oman ist ein Paradies – zumindest für mich.

Kleiner Abstecher nach Dubai

Unser nächstes Ziel war Thailand. Doch davor machten Anne und ich noch einen kurzen Abstecher nach Dubai. Allerdings waren die vier Tage dort eher Business als Urlaub, weil wir wirklich einen Termin nach dem anderen hatten: ein Treffen mit einem Koch der Nationalmannschaft der Köche der Vereinigten Arabischen Emirate. Eins mit meinem ehemaligen Chef und eins mit Uwe Micheel, dem Director of Kitchens im »Radission Blu Deira Creek«. Dafür haben wir zwischendurch aber unglaublich gut gegessen. Einmal sogar im »Ossiano«, dem berühmten Unterwasserrestaurant im Atlantis. Magisches Fine Dining!

In Dubai prallen wirklich Welten aufeinander und das macht die Stadt in meinen Augen atemberaubend.

Zwischendurch sind wir noch kurz nach Abu Dhabi zu einem Dessertnachmittag im »Emirate Palace« »gejettet«. Im Dezember 2019 war ich dann noch einmal zu einem Foodfestival dort eingeladen, bei dem der Weltrekord in Sachen Auswahl an Nachtisch gebrochen wurde: 2586 süße Leckereien aus 50 Nationen standen am Ende auf einem gefühlt kilometerlangen Tisch, der sich unter all den Köstlichkeiten fast gebogen hat. Der Himmel für alle Naschkatzen!

Obwohl Anne und ich in Dubai also gar nicht so viel unternommen haben, waren wir nach vier Tagen geballten Küchentalks und Futterns »urlaubsreif« und stiegen in den Flieger. Bangkok, wir kommen!

BÖREK »MODERN«
Rinderbäckchen & Spinat

RINDERBÄCKCHEN

4 Rinderbäckchen | Salz | Pfeffer | gemahlener Kreuzkümmel | Kurkuma | scharfes Paprikapulver | Mehl zum Bestäuben | 50 g Rinderfett (ersatzweise Butterschmalz oder Ghee) | 2 Zwiebeln | 2 Möhren | ⅓ Knollensellerie | 3 Tomaten | 1 rote Chilischote | 2 Soloknoblauch | 2 EL Tomatenmark | ½ l trockener Rotwein | 1 l dunkler Kalbsfond | 2 Lorbeerblätter | 5 Wacholderbeeren | Stärke (nach Belieben)

1. Den Backofen auf 180° (Umluft) vorheizen. Die Bäckchen kräftig mit Salz, Pfeffer, Kreuzkümmel, Kurkuma und Paprika würzen und mit etwas Mehl bestäuben. In einem Bräter das Rinderfett erhitzen und die Bäckchen darin von beiden Seiten anbraten. Herausnehmen und auf einem Teller beiseitestellen.
2. Zwiebeln, Möhren, Sellerie und Tomaten fein würfeln, Knoblauch und Chili hacken. Alles im gleichen Bräter wie die Bäckchen im darin verbliebenen Fett anbraten. Das Tomatenmark zufügen und die Mischung bei mittlerer Hitze 10–15 Min. rösten.
3. Mit Rotwein ablöschen und ca. 10 Min. reduzieren. Den Fond angießen und die Bäckchen wieder in den Bräter geben. Die Gewürze zugeben. Abgedeckt im Ofen bei 180° (mittlere Schiene) schmoren. Je nach Größe der Bäckchen kann die Zeit etwas variieren, aber 1,5 Std. sollten Sie auf jeden Fall einplanen.
4. Die Bäckchen aus dem Bräter nehmen und etwas abkühlen lassen. In kleine gleich große Würfel schneiden. Den Sud aus dem Bräter durch ein Sieb in einen Topf abgießen, evtl. mit Stärke binden und abschmecken. Die gewürfelten Bäckchen untermischen.

Bitte weiterlesen →

SPINAT

1 Schalotte | 1 Soloknoblauch | 1 rote Chilischote | 50 g Butter | 300 g frischer Spinat | Salz | Pfeffer | Muskatnuss | Olivenöl | 1 TL Sesam

Schalotte fein schneiden, Knoblauch hacken. Chili in feine Ringe schneiden. Die Butter schmelzen. Knoblauch, Chili und Schalotte darin golden bräunen. Den Spinat dazugeben, kurz schmoren und dann alles kräftig mit Salz, Pfeffer, Muskatnuss und einem Spritzer Olivenöl abschmecken. Sesam aufstreuen.

SPINATSAUCE

1 Zwiebel | 1 Soloknoblauch | 50 g Butter | 200 g Sahne | 200 ml Milch | 1 gekochte Kartoffel | 400 g Spinat (blanchiert) | Salz | Pfeffer | Muskatnuss | Zimt

Zwiebel und Knoblauch in feine Würfel schneiden. In der Butter farblos anschwitzen. Sahne, Milch und Kartoffel zufügen und aufkochen. Den blanchierten Spinat gut ausdrücken und für 1 Min. mitkochen. Die Sauce im Standmixer fein pürieren. Mit Salz, Pfeffer, Muskatnuss und Zimt abschmecken.

BÖREKCHIPS

6 Blätter Brikteig | flüssige gewürzte Butter (mit Paprika, Salz, Kreuzkümmel) | fein geriebener Parmesan

Den Backofen auf 180° (Umluft) vorheizen. Ein Blatt Brikteig mit flüssiger Würzbutter bepinseln und mit geriebenem Parmesan bestreuen. Eine weitere Teigplatte auflegen, wieder mit Butter bepinseln und mit Käse bestreuen. Das Ganze noch mal und dann mit einer Lage Teig abschließen. Die 3 restlichen Brikteigblätter ebenso verarbeiten. Kreise aus den Teiglagen ausstechen, evtl. zwischen Backpapier kurz beschwert frosten und dann (weiter beschwert) 5–7 Min. golden backen.

BÖREKSCHNITTE – TEPSI BÖREGI

350 g Joghurt (10 % Fett) | 100 ml Milch | 2 Eier | 50 ml Olivenöl | Salz | ½ Bund Petersilie | 500 g Feta | 1 Pck. Yufkateig (türkischer Supermarkt) | Sesam | Schwarzkümmel

1. Den Backofen auf 170° (Umluft) vorheizen. Ein Backblech mit Backpapier auslegen.
2. Joghurt, Milch, 1 Ei, 1 Eiweiß (1 Eigelb aufheben) und Öl vermischen, bis das Öl vollständig in die Masse übergegangen ist. Eine Prise Salz zugeben.
3. Petersilie abzupfen und fein hacken. Schafskäse dazubröseln und beides gut vermengen.
4. Die erste Schicht Yufkateig (es sollen insgesamt 8–10 Lagen werden) mittig auf das Blech legen. Die Enden sollen über den Rand reichen. Die Joghurtmischung auf dem Teig verteilen (Ränder frei lassen). Bitte nicht sparen, auch wenn das Ganze sehr flüssig erscheint. Verwendet man zu wenig Joghurt, wird das Börek zu trocken.
5. Jetzt ein neues Teigblatt zerreißen und so auf die Joghurtschicht legen, dass sie bedeckt ist. Auf diese Schicht kommt nun der Schafskäse. Wieder mit Teig abdecken, dann Joghurt usw., bis alles aufgebraucht ist. Mit Joghurtmix abschließen.
6. Die überstehenden Teigränder der ersten Schicht über die restlichen Schichten legen und das Börek so »einpacken«.
7. Das verbliebene Eigelb verquirlen und den Yufkateig am Rand damit einstreichen, dann etwas Sesam und Kümmel aufstreuen. Im Backofen ca. 30 Min. backen.

PAPRIKACREME

2 rote Paprika | je 1 Schalotte und Soloknoblauch | 100 g gekochte Kartoffeln

Paprika, Schalotte und Knoblauch unter dem Backofengrill (250°) ca. 10 Min. rösten. Die schwarze Haut abziehen und den Rest im Mixer pürieren. Die gekochten Kartoffeln dazupressen.

ANRICHTEN

Zusätzlich: Feta | ausgestochene frische Spinatblättchen | Sesam | Schwarzkümmel

Rinderbäckchen und Spinat zwischen Börekchips schichten. Spinatsauce angießen und Feta drüberhobeln. Börekschnitte mit Papricacreme, frischem Spinat, gehobeltem Feta, Sesam und Schwarzkümmel toppen.

ICLI KÖFTE
Bulgur & Rinderhackfleisch

HACKFLEISCHFÜLLUNG

3 Zwiebeln | 3 Zweige glatte Petersilie | 40 g Walnusskerne | 350 g Rinderhack | 35 g Butter | 1 EL scharfes Paprikamark (Aci Biber Salçasi) | 2 El Tomatenmark | 1 TL gemahlener Kreuzkümmel | 1 TL (scharfes) Paprikapulver | Salz | Pfeffer

Zwiebeln fein schneiden. Petersilie und Walnusskerne hacken. Rinderhack in einer beschichteten Pfanne in Butter kurz anbraten. Die Zwiebeln zugeben und ca. 5 Min. weiterbraten. Paprika- und Tomatenmark, Petersilie, Walnüsse, Kreuzkümmel und Paprikapulver hinzufügen und rühren, bis sich alles verbunden hat. Salzen und pfeffern.

BULGURMASSE

1 EL scharfes Paprikamark (Aci Biber Salçasi) | Salz | 200 g feiner Bulgur (Köftelik) | 200 g Weichweizengrieß | 100 g mehlige Kartoffeln (gekocht und gepresst) | 1 Ei | Frittierfett (Sonnenblumen- oder Frittieröl)

1. Paprikamark und etwas Salz in 350 ml heißes Wasser verrühren, bis sich beides aufgelöst hat. Bulgur und Grieß mit den gepressten Kartoffeln in die Rührschüssel einer Küchenmaschine füllen, mit dem gewürzten Wasser vermengen und 10 Min. ruhen lassen.
2. Die Rührschüssel in die Küchenmaschine einsetzen und mit dem Flachrührer 15 Min. verkneten. Das Ei hinzufügen und weitere 5 Min. kneten. Die Masse muss geschmeidig sein und es dürfen keine Risse entstehen, wenn man mit dem Finger hineindrückt.
3. Für die Icli-Köfte-Hülle eine etwa hühnereigroße Portion von der Masse abnehmen, an einem Ende zudrücken und wie einen Tropfen formen. Mit dem Finger eine Vertiefung an der gegenüberliegenden Seite formen und die Fleischmasse vorsichtig mit einem Teelöffel einfüllen. Genügend Platz lassen, damit sich die Bulgurmasse oben ebenfalls zu einem Tropfen formen lässt. So weitermachen, bis Fleisch und Teig aufgebraucht sind.
4. In heißem Frittierfett (170°) ca. 3 Min. goldbraun ausbacken.

TIPP

Dazu schmeckt ein Minzjoghurt aus 300 g Joghurt (10 % Fett), ½ gepresstem Soloknoblauch sowie dem Saft und etwas geriebener Schale von 1 Bio-Zitrone und 50 g fein gehackter frischer Minze – gewürzt mit Salz und Pfeffer.

GEGRILLTER LAMMRÜCKEN
Persische Limone & Rote Bete

LAMMRÜCKEN

1 Lammrücken (ausgelöst; ca. 500–600 g) | Salz | Pfeffer | Ras el Hanout | 1 EL Lammfett (ersatzweise Butterschmalz) | 3 EL Butter | Kräuter (nach Belieben)

Den Lammrücken mind. 1 Std. vor dem Braten aus dem Kühlschrank nehmen und temperieren lassen. Den Backofen auf 110° (Umluft) vorheizen. Das Fleisch mit Salz, Pfeffer und Ras el Hanout würzen, in einer heißen Grillpfanne von beiden Seiten in Lammfett bzw. Butterschmalz anbraten und die Pfanne anschließend noch für ein paar Minuten in den Ofen stellen. Das Lamm sollte im Kern 48° haben. Aus der Pfanne auf einen Teller legen und im ausgeschalteten Ofen bei geöffneter Klappe noch ca. 5 Min. ruhen lassen. Kurz vor dem Servieren die Butter mit den Kräutern in der Pfanne erwärmen und das Fleisch noch einmal kurz darin schwenken, damit es eine gute Esstemperatur hat.

ORIENTALISCHE LIMONENSAUCE

20 g Ingwer | 1 Chilischote | 1 EL Lammfett (ersatzweise Butterschmalz) | 200 ml Rotwein | 500 ml dunkle Lammjus | 2 persische Limonen (angedrückt) | 1 Zimtstange | 3 Sternanise | 4 Kardamomkapseln (angedrückt) | 2 EL Pflaumenmus | Salz | Stärke (nach Belieben)

Ingwer und Chili fein hacken. In einem Topf in Lammfett bzw. Butterschmalz anschwitzen. Mit Rotwein ablöschen. Wenn der Wein fast verdunstet ist, die restlichen Zutaten bis auf die Stärke zugeben, aufkochen und bei mittlerer Hitze mind. 1,5 Std. köcheln lassen (erst zugedeckt, dann ohne Deckel auf ca. 300 ml reduzieren). Gut mit Salz abschmecken, die Sauce sollte kräftig sein. Durch ein feines Sieb passieren und evtl. mit Stärke binden.

TIPP

Wer Zeit und Lust hat, kann die Lammjus für die Sauce auch selbst zubereiten.

Bitte weiterlesen →

BULGUR

1 Zwiebel | ½ Soloknoblauch | 1 Chilischote | 2 EL Olivenöl | Salz | Pfeffer | Ras el Hanout | Kreuzkümmel | 150 g Bulgur | ca. 400 ml Gemüsebrühe | 100 g gemischte Nüsse und Rosinen | Saft und abgeriebene Schale von 1 Bio-Zitrone | ½ Granatapfel

1. Zwiebel fein schneiden, Knoblauch und Chili hacken. In einem Topf in Olivenöl andünsten. Ras el Hanout und Kreuzkümmel zugeben und mit anschwitzen. Den Bulgur hinzufügen und 3 Min. unter Rühren andünsten. Nach und nach mit der Brühe auffüllen, salzen, aufkochen und zugedeckt bei milder Hitze 15 Min. ausquellen lassen. (Wer den orientalischen Geschmack mag, kann den Bulgur gerne auch etwas stärker würzen.)
2. Nüsse und Rosinen unter den fertigen Bulgur heben. Mit Zitronensaft und etwas Abrieb abschmecken.
3. Die Kerne aus dem Granatapfel lösen. Einen Teil davon kurz vor dem Servieren unter den Bulgur mischen, den Rest für die Dekoration aufbewahren.

ROTE BETEN

100 g Salz | 4 Rote Beten | Saft und Zesten von 1 Bio-Zitrone | 1 TL Orangenblütenwasser | ¼ TL gemahlener Kreuzkümmel | ¼ TL Zimt | Salz | Pfeffer | 20 g Ingwer | 4 EL Olivenöl

1. Den Backofen auf 170° (Umluft) vorheizen. Das Salz auf einem Backblech oder in einer Auflaufform verteilen. 3 Rote Beten gut waschen (nicht schälen) und auf das Salzbett setzen. Im Ofen ca. 1,5 Std. backen.
2. Währenddessen für das Dressing Zitronensaft und -zesten, Orangenblütenwasser, Kreuzkümmel, Zimt, Salz und Pfeffer so lange verrühren, bis sich das Salz aufgelöst hat. Den Ingwer schälen und dazureiben. Das Dressing muss sehr salzig und sauer sein. Erst dann langsam das Öl zugeben und emulgieren.
3. Die verbliebene rohe Bete schälen, in hauchdünne Scheiben schneiden oder hobeln, hübsch ausstechen und in etwas Dressing marinieren.
4. Die gebackenen Beten abkühlen lassen, schälen, in dickere Scheiben schneiden und wieder in Form stechen. Ebenfalls marinieren.

SELLERIE-ZWIEBEL-PÜREE

1 Knollensellerie | 5 weiße Zwiebeln | 100 g Butter | 100 g Sahne | Salz

Den Sellerie schälen und in kleine Würfel schneiden. Die Zwiebeln halbieren und in Ringe schneiden. Butter bei mittlerer Hitze golden schmelzen und die Zwiebelringe darin glasig andünsten. Sellerie dazugeben, mit Sahne ablöschen, kräftig mit Salz würzen und bei kleiner Temperatur mit Deckel mind. 45 Min. köcheln lassen. (Falls der Sellerie noch zu hart ist, etwas Wasser zugeben. Ist er früher weich, herausnehmen und die Sahne evtl. noch etwas einreduzieren.) Sellerie in der Sahne im Mixer sehr fein pürieren und in einen Spritzbeutel füllen.

EINGELEGTE PERLZWIEBELN

50 ml Apfelsaft | 50 ml weißer Aceto balsamico | 2 EL brauner Zucker | 2 Kardamomkapseln | 2 Safranfäden | Salz | 100 g Perlzwiebeln (geschält)

Apfelsaft, Balsamico, Zucker, Kardamom, Safran und eine Prise Salz in einem Topf zum Kochen bringen. Die Perlzwiebeln dazugeben, 1 Min. mitkochen und dann im Fond kalt werden lassen.

ANRICHTEN

Den Bulgur auf die Teller geben und mit den restlichen Granatapfelkernen, den eingelegten Perlzwiebeln und den rohen marinierten Beten garnieren. Die gebackenen Beten und das Sellerie-Zwiebel-Püree dazusetzen bzw. aufspritzen. Das Lamm in Scheiben schneiden und auf einem Saucenspiegel anrichten.

GESCHMORTE LAMMSCHULTER
Biryanireis & Nüsse

BIRYANIREIS

300 g Basmatireis | 2 Zwiebeln | 1 Chilischote | 50 g Butterschmalz | 50 g Mandeln | 100 g Pistanzien | 50 g Rosinen | 6 Kardamomkapseln | 1 Zimtstange | 1 Sternanis | 1 TL gemahlener Koriander | 6 Safranfäden | Salz | ½ Granatapfel

1. Den Basmatireis sorgfältig waschen und anschließend mit Wasser bedeckt mind. 3–4 Std. ruhen lassen. Dann abseihen.
2. Zwiebeln und Chiischoten fein würfeln, in Butterschmalz anschwitzen, Mandeln, Pistazien, Rosinen, Kardamom, Zimt, Sternanis, Koriander und Reis dazugeben und mit der 1,5-fachen Menge Wasser (450 ml) ablöschen. Den Safran zugeben. Das Wasser salzen und zum Kochen bringen. Wenn es kocht, die Hitze auf Stufe 1 reduzieren und den Reis im abgedeckten Topf 15–20 Min. quellen lassen. (Alternativ den Reis im Reiskocher zubereiten.) Vor dem Servieren mit Granatapfelkernen bestreuen.

TIPP

Wer nicht alle Gewürze hat, kann den Reis stattdessen auch mit Garam Masala würzen.

LAMM

Je 1 Handvoll Minze und Petersilie | ½ Bund Frühlingszwiebeln | 3 Soloknoblauch | 2 scharfe grüne Peperoni | 4 mittelgroße Zwiebeln | 1 Handvoll Mandeln oder Mandelstifte | 2 Lorbeerblätter | 1 TL gemahlener Kreuzkümmel | 1 TL gemahlener Koriander | 1 TL Chiliflocken | 1 TL edelsüßes Paprikapulver | 6 Kardamomkapseln | 1 TL frisch gemahlener schwarzer Pfeffer | Saft von 1 Limette | 1 Lammschulter | 1,5 TL Salz | Lammfett oder 3–4 EL Butterschmalz

1. Für die Marinade Minze und Petersilie, Frühlingszwiebeln, Knoblauch und Peperoni grob hacken. Zwiebeln in Scheiben schneiden. Mit Mandeln, Gewürzen, Pfeffer und Limettensaft vermengen. Die Lammschulter damit einreiben und ca. 1 Std. abgedeckt ruhen und temperieren lassen.
2. Den Backofen auf 170° (Umluft) vorheizen. In einem Bräter auf dem Herd Fett bzw. Butterschmalz erhitzen. Die Schulter salzen und von beiden Seiten nicht zu heiß anbraten. Die restliche Marinade zugeben, dann das Fleisch zugedeckt ca. 90 Min.im Ofen schmoren. Nach 45–60 Min. die Hitze auf 150° reduzieren.

ANRICHTEN

Den gekochten Reis auf einer Platte verteilen und die Lammschulter darauf drapieren. Den Fond separat servieren. Dazu schmeckt ein gemischter Salat und Minzjoghurtsauce (siehe Tipp Seite 19).

ORIGINAL KARAKTEE

Schwarztee & Gewürze

3 EL schwarzer Tee | 200 ml Kondensmilch oder fette frische Milch | 2 Kardamomkapseln | 1 kleines Stück Zimtstange | 2 Sternanise | Zucker (nach Geschmack)

1. Den Tee in einen Kochtopf geben, mit 400 ml 85–90° heißem Wasser übergießen und 5 Min. ziehen lassen.
2. Durch ein Sieb in einen anderen Topf abgießen und mit der Kondensmilch bzw. Milch erneut aufkochen.
3. Die Gewürze zerstoßen, dazugeben und alles noch einmal 5 Min. ziehen lassen. Abseihen und nach Geschmack zuckern.

TIPP

Für die Deluxevariante , wie ich sie in Muscat getrunken habe, geben Sie 2 Fäden Safran in eine Tasse und gießen erst dann mit Karaktee auf.

KARAKTEEDESSERT
Kardamom & Safran

VORBEREITEN

KARAKTEE

5 Kardamomkapseln | 1 Stange Zimt | 5 g Ingwer | 3 Beutel schwarzer Tee (15 g)

400 ml Wasser mit Kardamom, Zimt und Ingwer aufkochen, vom Herd nehmen und die Teebeutel 5 Min. darin ziehen lassen. Die Teebeutel herausnehmen und den Tee mitsamt der Gewürze am besten über Nacht ziehen lassen. Erst dann abseihen. Für die Mousse 250 ml Tee auf 75 ml reduzieren. Den Rest für die Pannacotta beiseitestellen.

KARAKTEEMOUSSE

3 Blatt Gelatine | 300 g Vollmilchkuvertüre | 4 Eigelbe | 20 g Zucker | 75 ml Karakteereduktion (siehe oben) | 2–3 Eiweiße (100 g) | 20 g Zucker | 250 g Sahne

Die Gelatine in kaltem Wasser einweichen. Die Kuvertüre über dem heißen Wasserbad schmelzen. Eigelbe und Zucker mit der Karakteereduktion über dem heißen Wasserbad zur Rose abziehen (siehe Info Seite 31). Etwas abkühlen lassen, dabei immer wieder rühren. Die Gelatine ausdrücken und in der noch warmen Masse auflösen. Dann die geschmolzene Kuvertüre untermischen. Eiweiße mit Zucker steif schlagen. Sahne ebenfalls schlagen. Erst die Sahne, dann den Eischnee vorsichtig unter die Ei-Karaktee-Masse ziehen. In Förmchen abfüllen und zunächst kalt stellen, anschließend einfrieren.

KARAKTEE-PANNACOTTA

2 Blatt Gelatine | 200 ml Karaktee (siehe oben) | 30 ml Kondensmilch | 20 g Zucker | 5 Kardamomkapseln (angedrückt)

Die Gelatine in kaltem Wasser einweichen. Karaktee mit Kondensmilch, Zucker und Kardamomkapseln aufkochen. Etwas abkühlen lassen, die eingeweichte Gelatine ausdrücken, einrühren und die Flüssigkeit dann unter gelegentlichem Rühren weiter abkühlen lassen. In Förmchen füllen und in den Kühlschrank stellen.

INFO

Ich glasiere die Mousse noch, damit sie schön glänzt. Dazu 18 g Gelatine einweichen. 170 g Sahne, 300 g Zucker, 100 g Kakaopulver und 235 ml Wasser in einem Topf zum Kochen bringen und 5 Min. köcheln lassen. Die ausgedrückte Gelatine darin auflösen. Gefrorene Mousse aus den Förmchen lösen, auf ein Kuchengitter geben (Tablett unterlegen) und gleichmäßig mit der Glasur übergießen.

Bitte weiterlesen →

STREUSEL

150 g Mehl | 75 g Butter | 75 g brauner Zucker | 1 Msp. gemahlener Kardamom | 1 Msp. Zimt | Salz | 20 g Fruchtpüree (z. B. Cassi soder Himbeer)

Den Backofen auf 170° (Umluft) vorheizen. Mehl, Butter, Zucker, Kardamom, Zimt und eine Prise Salz rasch zu Streuseln kneten. Auf einem mit Backpapier ausgelegten Blech verteilen und im Ofen 10–12 Min. backen. Abkühlen lassen und mit dem Fruchtpüree vermengen.

VORBEREITEN

SAFRANEIS

50 g Reis | 350 ml Milch | 150 g Sahne | 125 g Zucker | 5 Fäden Safran | 4 Eigelbe

2 Tage im Vorfeld den Reis in einer Pfanne golden anrösten. Milch, Sahne, Zucker und Safran dazugeben, einmal aufkochen, dann den Topf vom Herd nehmen und die Mischung über Nacht ziehen lassen.

Am nächsten Tag abseihen, die Flüssigkeit ohne den Reis erneut aufkochen und heiß unter die Eigelbe rühren. Die Masse zur Rose abziehen (siehe Info Seite 31). Über Nacht kalt stellen, dann erst in der Eismaschine frosten. Alternativ in eine Auflaufform füllen und einfrieren. In diesem Fall alle 30 Min. umrühren, um die Größe der Eiskristalle zu verringern.

TIPP

Wenn Sie nicht alles Gel aufbrauchen, können Sie den Rest problemlos einfrieren. Beim nächsten Mal auftauen und nur noch mit dem Stabmixer durchmixen.

TRAUBENGEL

7,5 g Gelan oder Agar-Agar | 750 ml Traubensaft

Gelan bzw. Agar-Agar in den Traubensaft rühren und 20 Min. ziehen lassen. Danach langsam aufkochen und 5 Min. köcheln lassen. Die Flüssigkeit in ein tiefes Blech abfüllen und in den Kühlschrank stellen. Wenn das Gel komplett fest ist, in Würfel schneiden und mixen. Durch ein feines Tuchsieb passieren. (Wer ein Vakumiergrät hat, kann das Gel anschließend noch mehrmals vakuumieren. Dadurch verschwindet die Luft und das Gel wird schön klar.) Das glatte Gel in eine Spritzflasche abfüllen.

VANILLECREME

125 g Sahne | 125 ml Milch | 60 g Zucker | 1 Msp. Vanillemark oder -pulver | 18 g Stärke | 2–3 Eigelbe (50 g) | 100 g Butter

Sahne, Milch, Zucker und Vanille aufkochen und mit Stärke binden. Die Eigelbe unterrühren. Zum Schluss die Butter in Würfeln unterrühren und die Creme abkühlen lassen. Mit dem Handrührgerät cremig rühren und in einen Spritzbeutel füllen.

ANRICHTEN

Zusätzlich: vergoldete Schokoperlen | Blattgold (nach Belieben)

Die Karakteemousse auf einen Teller stürzen. Rundum Traubengel und Vanillecreme auftupfen und mit Schokoperlen und evtl. Blattgold garnieren. Das Eis als Nocke auf ein Streuselbett setzen. Die Pannacotta dazu anrichten.

INFO

Zur Rose abziehen bedeutet, dass das Eigelb auf ungefähr 74° erhitzt wird und dadurch seine Bindung bekommt. Man erkennt den Punkt, wenn man mit einem Holzlöffel durch die Masse rührt und sich durch Pusten auf der Rückseite des Löffels eine Rose bildet.

CHICHA
Traube-Minze

MINZ-PANNACOTTA

6 Blatt Gelatine | 400 g Sahne | 60 g Zucker | etwas Bio-Zitronenabrieb | 60 g Minze | 2 TL Honig | 4 TL Zitronensaft

Gelatine in kaltem Wasser einweichen. Sahne mit Zucker und Zitronenabrieb aufkochen. Die ausgedrückte Gelatine darin auflösen. Die Mischung kurz abkühlen lassen und im Standmixer mit der Minze ganz fein pürieren. Mit Honig und Zitronensaft abschmecken. Durch ein feines Sieb passieren und in schöne Formen abfüllen. Wer Silikonformen nutzt, diese anschließend erst in den Kühlschrank, dann in den Froster stellen.

HASELNUSSCHIPS

100 g Haselnussmehl | 50 g kalte Butter (in Würfeln) | 50 g Zucker | ½ Ei

Alle Zutaten rasch zu einem Mürbeteig verkneten, in Folie wickeln und ca. 30 Min. kühl stellen. Den Teig ausrollen und schön ausstechen bzw. schneiden. Die Chips auf einem mit Backpapier ausgelegten Blech verteilen und nochmals ca. 30 Min. kalt stellen. Den Backofen auf 170° (Umluft) vorheizen und die Chips darin ca. 8 Min. golden backen.

VANILLECREME

125 g Sahne | 125 ml Milch | 60 g Zucker | 1 Msp. Vanillemark oder -pulver | 18 g Stärke | 2–3 Eigelbe (50 g) | 100 g Butter

Sahne, Milch, Zucker und Vanille aufkochen und mit Stärke binden. Die Eigelbe unterrühren. Zum Schluss die Butter in Würfeln unterrühren und die Creme abkühlen lassen. Mit dem Handrührgerät cremig rühren und in einen Spritzbeutel füllen.

ANRICHTEN

Zusätzlich: je 12 helle und dunkle Trauben (ohne Kerne) | Minze | Traubengel (siehe Seite 30)

Haselnusschips mit Vanillecreme garnieren und auf der Minz-Pannacotta anrichten. Mit halbierten Trauben und Minze garnieren und noch etwas Haselnusschips darüberbröseln.

ARABISCHES KAFFEEDESSERT
Schokolade & Rose

VORBEREITEN

KAFFEECREME

20 g geröstete Bio-Arabica-Bohnen | 300 g Sahne | 30 ml gebrühter Espresso | 100 g Caramélia-Schokolade (Valhrona; ersatzweise Vollmilchkuvertüre)

1. Zwei Tage im Voraus die Arabica-Kaffeebohnen in einem Topf nochmals anrösten, bis sich das Kaffeearoma löst. Die Sahne darübergießen, um die Bohnen »abzulöschen«, kurz aufkochen, das Ganze in ein Schraubglas gießen und kalt stellen.
2. Am nächsten Tag die Sahne durch ein Sieb abgießen. Mit dem gebrühten Espresso in einem kleinen Topf aufkochen und die Mischung dann über die Schokolade gießen.
3. Die Mischung über Nacht kalt stellen und am nächsten Tag wie Schlagsahne mit einem Handrührgerät aufschlagen und weiterverarbeiten.

VORBEREITEN

GEWÜRZMILCHEIS

250 ml Milch | 75 g Sahne | 75 g Zucker | 1½ TL Spekulatiusgewürzmischung | 2–3 Eigelbe (50 g) | etwas Saft und abgeriebene Schale von 1 Bio-Zitrone

1. Die Milch mit der Sahne, dem Zucker und der Spekulatiusgewürzmischung aufkochen und unter schnellem Rühren in die Eigelbe gießen. Mit einem Spritzer Zitronensaft und etwas Abrieb verfeinern. Die Eismasse einen Tag im Kühlschrank ruhen lassen.
2. Anschließend die Eismasse entweder in einer Eismaschine frieren oder in eine Auflaufform füllen und einfrieren (in diesem Fall alle 30 Min. darin rühren, um die Größe der Eiskristalle zu verringern).

Bitte weiterlesen →

ROSEN-PANNACOTTA

2 Blatt Gelatine | 200 g Sahne | 30 ml Rosenwasser | 10 ml Holundersirup | 1 Msp. Vanillemark oder -pulver | 30 g Zucker | etwas Limettensaft (nach Belieben)

1. Die Gelatine in kaltem Wasser einweichen. In der Zwischenzeit die übrigen Zutaten aufkochen. Wieder etwas abkühlen lassen.
2. Die Gelatine ausdrücken und in der warmen Flüssigkeit auflösen. Wer mag, kann nach Gusto noch etwas Limettensaft hinzufügen.
3. Die Pannacotta in hübsche Förmchen abfüllen und erkalten lassen.

KARDAMOMMOUSSE

250 g Zartbitterkuvertüre | 4 Eigelbe | 100 g Zucker | gemahlener Kardamom | 2–3 Eiweiße (100 g) | 250 g geschlagene Sahne

1. Die Kuvertüre über dem Wasserbad schmelzen. Anschließend über demselben Wasserbad die Eigelbe mit 60 g Zucker und mit einer Prise Kardamom zur Rose abziehen und aufschlagen (siehe Info Seite 31). Vorsichtig unter die flüssige Kuvertüre heben.
2. Die Eiweiße mit dem restlichen Zucker (40 g) in der Küchenmaschine zu steifem Schnee schlagen.
3. Kurz überprüfen, ob die Schokoladenmasse nicht zu heiß ist. Ist sie nur noch lauwarm, erst portionsweise die Schlagsahne, dann den Eischnee vorsichtig unterheben. Die Mousse in Formen oder Schüsseln abfüllen und kalt stellen.

SCHOKOTARTE

150 g Butter | 150 g dunkle Kuvertüre | 50 g Zucker | 2 Eier | 1 EL geriebener Ingwer

Die Butter und die Schokolade über dem heißen Wasserbad schmelzen. Zucker, Eier und geriebenen Ingwer im Messbecher mixen, dabei die flüssige Schokolade in einem dünnen Strahl untermischen. Die Masse auf ein mit Backpapier ausgelegtes Backblech streichen (evtl. das Backblech etwas verkleinern, der Teig sollte ca. 6 mm hoch aufgestrichen werden). Das Blech 2 Std. kühlen, dann im heißen Backofen (160° Umluft) ca. 10 Min. backen. Abkühlen lassen und in kleine Stücke schneiden oder Formen ausstechen.

CRUMBLES

30 g Stärke | 30 g Kakaopulver | 20 g Gerstengrieß | 150 g Mandelmehl | 85 g Butter | 75 g brauner Zucker

Den Backofen auf 180° (Umluft) vorheizen. Alle Zutaten in einer Schüssel rasch zu feinen Streuseln verkneten. Auf einem Blech mit Backpapier verteilen und im Ofen 10–15 Min. backen.

ANRICHTEN

Alle Komponenten hübsch auf dem Teller arrangieren und evtl. noch einen Klecks Espressoespuma (siehe Tipp) aufspritzen.

TIPP: ESPRESSO-ESPUMA

2 Blatt Gelatine in kaltem Wasser einweichen, ausdrücken und in 185 ml heißen Espresso rühren. 60 g Zucker, 1 Msp. Vanillemark oder -pulver und eine kleine Prise Salz hinzufügen. Wenn die Masse nur noch handwarm ist, 2 Eiweiße (80 g) unterrühren. Die Mischung in einen Sahnesyphon füllen und 2 CO_2-Kapseln hinzufügen. Kalt stellen.

BASBOUSA
Grieß & Zitrus

SIRUP

200 g Zucker | 1 Zimtstange | 6 Kardamomkapseln (angedrückt) | 2 Sternanise | Saft und abgeriebene Schale von 1 Bio-Zitrone | Rosenwasser (nach Belieben)

Den Zucker, die Zimtstange und die angedrückten Kardamomkapseln mit 350 ml Wasser in einem Topf zum Kochen bringen und ca. 5 Min. sprudelnd zu Sirup kochen. Vom Herd nehmen. Wenn die Flüssigkeit nur noch lauwarm ist, Zitronensaft, -abrieb und Rosenwasser dazugeben.

GRIESSKÜCHLEIN

180 g Zucker | 1 Prise Vanillezucker | 140 g Grieß | 100 g Mehl | 1 TL Backpulver | 4 Eier | 80 ml Speiseöl | 250 g Joghurt

1. Den Backofen auf 180° (Umluft) vorheizen. Alle trockenen Zutaten mit einem Schneebesen vermischen, dann die Eier, das Öl und den Joghurt dazugeben. Den Teig glatt rühren und in kleine Formen oder eine beliebige Kuchenform abfüllen und im Ofen goldbraun backen. Die Backzeit variiert je nach Größe der Form zwischen 10 und 20 Min.
2. Den Kuchen aus dem Ofen holen, mehrmals mit einem Holzstäbchen einstechen und großzügig mit dem Sirup beträufeln. Alternativ die Küchlein aus den Förmchen holen und einzeln in den Sirup tauchen.

In der Wüste fühlte ich mich frei und zugleich unendlich klein. Es war eine unglaubliche Erfahrung.

Antike, Mittelalter und Neuzeit, atemberaubende Landschaften und moderne Megacitys, traditionelle Märkte und Fine Dining auf Sterneniveau: Der Orient steckt voller Gegensätze und genau sie machen ihn für mich so faszinierend.

Südostasien

Thailand, Indonesien, Vietnam, Kambodscha, Malaysia, Philippinen

Sechs Länder, sechs komplett unterschiedliche Küchen. Ich wusste, dass die asiatische Küche unglaublich vielfältig ist. Aber was wir in Europa davon kennen, ist im Vergleich wirklich nur ein winziges »Amuse Gueule«.

IMMER WEITER NACH OSTEN
Neue Erfahrungen

Thailand und Vietnam standen schon recht früh auf meiner Bucket List und durch die Vermittlung eines Gastes kam bald noch Indonesien dazu. Ich war wahnsinnig gespannt auf die südostasiatische Küche, die ich zwar vom Essengehen zu Hause kannte und auch selbst schon gekocht hatte. Aber ich wusste nie, ob alles auch so schmeckte wie im Original. Das konnte ich nur vor Ort erfahren ...

Thailand

In Bangkok quartierten Anne und ich uns erst einmal mitten in der Altstadt ein, denn wir hatten vor, uns die Stadt zu Fuß zu erlaufen. Wir stärkten uns morgens mit einer Tom Yam Gung Spicy Sour Prawn Soup, der traditionellen thailändischen Garnelensuppe, und marschierten dann einfach drauflos.

Wir hatten uns vorgenommen, einmal im »Jay Fai« zu essen, dem Lokal von Supinya Junsuta, der bekannten Sterneköchin mit der Skibrille. Jeden Tag sind wir dorthin gelaufen und jeden Tag stand auf einem Schild vor ihrem Laden, dass sie morgen aufmachen. Irgendwann haben wir aufgegeben und sind einfach in ihr zweites Lokal gegangen, in dem es nur Pad Thai gibt. Dieses Nudelgericht ist eins der bekanntesten Nationalgerichte Thailands und da Supinya Junsuta eine der bekanntesten Köchinnen des Landes ist, standen wir letztendlich auch dort eineinhalb Stunden in einer langen Schlange, bis wir endlich bestellen konnten.

In Bangkok habe ich dann auch das erste Mal Durian gegessen. Es heißt ja, dass man diese »Stinkfrucht« entweder liebt oder hasst. Ich gehöre wohl eher zu den Letzteren. Aber ich hatte auch das Gefühl, dass meine Durian schon ein bisschen faul und am Gären war. Das war jetzt wirklich kein Highlight. Trotzdem habe ich es ein paar Tage später mutig noch einmal versucht. Es hat aber nicht besser geschmeckt.

Ich lasse mich generell nicht schnell abschrecken. Auf einem der Märkte gab es zum Beispiel einen Stand, der nur Fischsaucen im Angebot hatte. Durch das Fermentieren war das ein unglaublicher Gestank, aber wir sind trotzdem immer wieder hingegangen, um etwas Neues zu entdecken. Und obwohl ich schon bei einem früheren Thailandtrip einen ganzen Tag in Chinatown verbracht hatte, wollte ich unbedingt noch einmal hin, weil ich wusste, dass man dort die ausgefallensten Sachen probieren konnte. Nicht einmal, dass man in Thailand wirklich scharf isst, machte mir etwas aus. Ab und zu bin aber sogar ich richtig ins Schwitzen gekommen – wobei ich es sicher auch übertrieben habe, weil ich immer schön spicy bestellt habe. Das meiste hat aber einfach unglaublich gut geschmeckt. Gerade wenn es um Currys und Suppen geht, kann den Thailändern keiner das Wasser reichen, darin sind sie echt die Könige. Ich habe in Bangkok zum Beispiel die tollste Tom Ka Gai gegessen. Bei uns würde in der gehobenen Küche niemand das Zitronengras, den Ingwer und den Galgant einfach in der Suppe lassen. Und zehn Kaffirlimettenblätter? Da wären ja schon vier Euro weg. Aber dadurch war die Suppe auch unglaublich aromatisch. Kein Vergleich zu Deutschland. Ich erinnere mich auch gut an eine Suppe mit Zunge und Bries. So lecker! Schade, dass das bei uns niemand bestellen würde.

Mein absoluter Favorit aber war Sticky Rice, was mich selbst gewundert hat, weil ich sonst ja eher Low Carb esse. Aber wenn mir jemand diesen klebrigen Reis servierte, konnte ich einfach nicht widerstehen. Es gab »trockenen« Sticky Reis, der zu Suppe serviert wurde, Schweinerippchen auf Sticky Reis, aber auch Sticky Reis mit Mango, der in Kokosmilch gekocht wurde. Wieder ein anderer wurde fast »totgekocht«. Mit ihm werden die ganzen Kleinigkeiten gemacht, die man auf der Straße kauft. Das ist alles wirklich superklebrig.

Massaman Curry, das einst eine Frau für den König von Siam gekocht haben soll, worauf er sich unsterblich in sie verliebt hat, habe ich lustigerweise in Thailand nirgendwo gesehen, dabei ist es überall auf der Welt echt berühmt.

Ich traf Florence wieder, eine Köchin, die normalerweise im »Mandarin Oriental« in Hongkong arbeitet. Weil dort gerade renoviert wurde, hatte man das Personal auf die anderen Häuser verteilt. Und sie und ein paar weitere Leute aus ihrem Team hatte man zufälligerweise hierhergeschickt. Durch Florence wiederum lernte ich Sarah kennen, eine Köchin aus Thailand. Wunderbar, denn wenn die zwei mit uns unterwegs waren, konnten sie uns alles erklären. Einmal hat einer aus ihrer Clique ein Restaurant ausgesucht, in dem es neue thailändische Küche gab, mit lokalen Sachen, aber schöner angerichtet als sonst – mit Markknochen mit gerösteten Gewürzen drüber oder Tatar von roher Aubergine und Zwiebeln und selbst gemachten Fischsaucen oder grünem Thaicurry. So richtig schön gemachte Thaiküche. An einem anderen Tag haben Anne und ich uns sogar ein Menü im »Sühring« gegönnt, dem Zwei-Sterne-Restaurant der beiden deutschen Zwillingsbrüder Thomas und Mathias Sühring.

Als Anne nach vier Tagen zurück nach Deutschland zurückflog, war es aber erst mal vorbei mit Urlaub, weil mein erstes Praktikum anstand: im »J'aime by Jean-Michel Lorain«. Der Chef in der Küche war Italiener und hatte davor schon in verschiedenen in der Szene bekannten Restaurants gearbeitet, unter anderem bei Gordon Ramsey

Eine der wichtigsten Tätigkeiten in der Thaiküche: die Zutaten für die Currypaste stampfen. Während meines Praktikums im »Bo.Lan« habe ich das einmal einen ganzen Tag lang gemacht.

und in einem italienischen Drei-Sterne-Lokal. Der Souschef war Franzose und auch schon Souschef bei Chef Martin, mit dem ich selbst in Sri Lanka und Malaysia gearbeitet hatte und durch den ich überhaupt erst an dieses Praktikum rangekommen war. Eigentlich ist es in Thailand nämlich gar nicht so einfach, kurz irgendwo reinzuschnuppern.

Nachdem ich ein paar Tage gearbeitet hatte, fragte mich der Chef, wohin ich als Nächstes gehen würde. Als ich ihm erzählte, dass ich gern in einem Thairestaurant kochen würde, hat er mir, ohne lang zu überlegen, ein Vorstellungsgespräch in einem thailändischen Sternerestaurant vermittelt, dem »Bo.Lan«. Als ich das erste Mal dort war, um mich vorzustellen, servierte man mir Thaitee und ein Schälchen mit gedämpften Erdnüssen. Die Schalen der Nüsse waren noch feucht und innen befanden sich dann seltsamerweise jeweils drei Kerne. Ich fand schon diesen Snack total cool und hatte dementsprechend hohe Erwartungen an die Küche. In den drei Tagen konnte ich aber leider nicht mehr so viel aufschnappen, weil es nur recht wenige Rezepte gab und zudem die Verständigung äußerst schwierig war. Noch dazu war ich die meiste Zeit damit beschäftigt, Currypaste zu stampfen – ohne Rezept und immer im Mörser. Ich wusste bis dahin nicht, dass es so unendlich viele verschiedene Currypasten gibt: mit gerösteten Zwiebeln, getrockneten Zwiebeln, frittierten Zwiebeln und rohen Zwiebeln, mit Chili, Chili geröstet, Chili getrocknet, Chili frittiert … Und jedes wurde wieder auf zehn verschiedene Arten mit anderen Zutaten kombiniert.

Nach meinem Intermezzo im »Bo.Lan« war ich noch bei einem Kochkurs im »Oriental«, das hat richtig Spaß gemacht. Einen Tag konnte ich auch in die Küche eines Restaurants des »Waldorf Astoria« reinschnuppern, weil ich die Chefin kennengelernt hatte, die davor lang in Kopenhagen und den nordischen Ländern unterwegs war. Nur mitarbeiten durfte ich dort leider nicht, weil es eine Hotelkette ist.

An meinem letzten Tag in Bangkok habe ich zufällig noch den Souschef von Tim Raue getroffen und war mit ihm und allen Köchen, mit denen ich sonst in den vergangenen Wochen so unterwegs gewesen war, noch einmal essen und feiern. Am nächsten Morgen bin ich dann nach Indonesien geflogen. Mit vielen tollen Erfahrungen, neuen Freunden – und einem gehörigen Kater.

Indonesien

An einem meiner letzten Tage im Schloss Loersfeld fragte mich eine Gruppe von acht Gästen, wohin ich denn nun gehen würde. Als ich antwortete, dass ich erst einmal eine kulinarische Weltreise machen wollte, wurden sie neugierig und wollten mehr wissen. Also erzählte ich, dass ich auf jeden Fall vorhätte, nach Asien zu fliegen, und auch schon mehrere Kontakte dort hätte, zum Beispiel in China und Thailand. Irgendwie kamen wir auch auf Indonesien zu sprechen und dass ich dort niemanden kennen würde. Ein paar Tage später rief mich einer der Gäste an. Ihm war eingefallen, dass seine Mutter guten Kontakt zum Gouverneur von Jakarta hatte. Wenn es für mich in Ordnung wäre, würden sie ihm meine E-Mail-Adresse weitergeben. Was für eine Frage!

Ich wusste, dass es vom Flughafen zum Haus des Gouverneurs ging, aber als wir ankamen, war ich erst einmal sprachlos: Hinter einem Wahnsinnshaus war ein Garten mit Pool und dort standen noch drei weitere Häuser. In einem davon sollte ich unterkommen und innen erwarteten mich auch bereits 15 Leute. Außer der Familie des Gouverneurs waren noch drei indonesische Foodblogger da, zudem hatte man noch extra eine Sängerin eingeladen, die mir ein Willkommenslied sang. Ich habe mich gefühlt wie bei einem Staatsempfang. Die indonesische Gastfreundschaft war aber auch wirklich überwältigend, man hat mich aufgenommen, als wäre ich ein Familienmitglied.

Am nächsten Morgen holte mich eine junge Truppe ab: eine Journalistin, zwei der Foodblogger vom Vortag und der Gewinner vom MasterChef Indonesia. Mit einem Bus fuhren sie mich den ganzen Tag durch Jakarta, um mir so viel Essen zu zeigen wie möglich. Die ganzen Nationalgerichte, fermentierte Pasten, Fleisch, Fisch, Süßes ... Sie erklärten mir die Spezialitäten der verschiedenen Regionen und dass nahezu jede Insel ihren eigenen Kochstil hat. Sie haben sich wirklich viel Mühe gegeben und ich habe an diesem einzigen Tag extrem viel gelernt, gesehen und probiert.

> Ich wurde in Indonesien empfangen wie ein Staatsoberhaupt. Und ich hatte nicht im Leben erwartet, was man alles Tolles für mich vorbereitet hatte. Es war überwältigend!

Die Märkte selbst waren, wie schon in Bangkok, überhaupt nicht mit denen zu vergleichen, die ich aus arabischen oder afrikanischen Ländern kannte. Allein schon das feuchtwarme Klima und das viele tropische Grün. Und während im Orient irgendwie alles goldbeige, rötlich und braun erscheint, war hier alles bunt und farbenfroh, fast wie in Indien. Genauso bunt ist oft auch das Essen, als wäre es in einen Farbtopf gefallen. Zwischendurch ist dann aber auch wieder der holländische Einfluss zu spüren, weil Indonesien ja lange Kolonie war. Dann gibt es plötzlich Waffeln und Poffertjes.

Für mich war auch erstaunlich, wie wenig Gemüsegerichte es gab – dafür umso mehr Kohlenhydrathaltiges mit reichhaltigen, fetten Saucen. Genau das Gegenteil also von dem, was ich normalerweise esse. Wobei ich es auch wieder cool fand, dass zu fast allen Gerichten Chips serviert wurden. Manchmal haben sie es aber übertrieben: Dann gab es etwa Yamswurzelchips, die nach dem Frittieren auch noch mit einer dicken süßen Chilimarmelade eingepinselt wurden.

Besonders interessant fand ich Jamu, ein traditionelles Getränk, das eher eine Medizin ist als ein Durstlöscher und so gut wie gegen jede Krankheit helfen soll. Das liegt vor allem an der reichlich enthaltenen Kurkuma, die unter anderem entzündungshemmend wirkt. Wir waren in einer Jamu-Bar, in der man versucht hat, dieses Gesundheitselixier zu »modernisieren«, indem man es mit neuen Geschmäckern kombinierte, wie zum Beispiel Rosenblüten, Limetten und Honig oder Zitronengras. Mich hat das alles ein bisschen an die Ingwer- und Kurkumashots erinnert, die es bei uns gibt. Der Geschmack war aber ganz anders, mehr in Richtung Fermentation.

Am nächsten Morgen flogen wir nach Padang, eine Hafenstadt in Westsumatra, und von dort aus ging es dann noch weiter in den Norden nach Bukittinggi. Wir haben eine Frau besucht, die als Spezialistin der Padang-Küche und deren Nationalgericht, Rendang, gilt. Das Fleisch – Rind, Lamm, Huhn oder Ente – wird dafür superlang wie eine Art Curry gekocht und ist am Ende so weich, dass man es mit der Zunge am Gaumen zerdrücken kann. Später habe ich in Malaysia erfahren, dass Rendang dort ebenfalls als Nationalgericht gilt und man sich streitet, wer es »erfunden« hat.

Auf den Märkten der Region verkauften die Frauen Essen, das sie nachts zu Hause zubereiteten – so wie es seit Jahrhunderten Tradition ist. Manche von ihnen boten 20, 30 verschiedene Gerichte an. Eine dieser Frauen konnten wir besuchen. Sie hat in einer Art Doppelgarage auf acht Feuerstellen gleichzeitig gekocht. Die Decke war schwarz, die Hitze unerträglich. Diese Frau hat vor allem Currys zubereitet. Rote, gelbe, grüne. Das gibt es überhaupt viel in Indonesien, wobei diese Currys mit denen, wie man sie aus Thailand kennt, wenig zu tun haben. Sie sind viel gehaltvoller und fetter, weil die Kokosmilch bis zum Ende reduziert wird.

Den Rest der Zeit sind wir gefahren, irgendwo ausgestiegen, haben gegessen, sind weitergefahren, wieder ausgestiegen, haben etwas angeschaut, dann wieder gegessen, sind weitergefahren, ausgestiegen, haben geguckt, gegessen ... Mein persönliches Highlight war die Snakefruit. Optisch erinnert sie ein bisschen an Lychee, aber ihre Haut ist glänzend braun und geschuppt wie bei einer Schlange. Das eher trockene Fleisch hat die Konsistenz eines Apfels, schmeckt aber eher nach Ananas und Banane, nur säuerlicher. Echt lecker!

Von unserem kurzen Trip ging es erst zurück nach Jakarta, von dort aus flog ich dann allein weiter nach Yogyakarta – eine wunderschöne Stadt. Ich wohnte in einem Hotel-Apartment ganz aus Glas direkt in einem Reisfeld und bin morgens mitten im Grünen aufgewacht. Mein Guide war diesmal eine Freundin von einem der Foodblogger.

Mit die schönsten Momente meiner Reise waren immer die, wenn ich mit anderen Frauen ihre authentischen Gerichte zubereiten durfte. Dabei habe ich viel über Küche und Lebensart erfahren.

Sie war jung, modern und Chefin in einem Restaurant. Wir sind den ganzen Tag herumgelaufen, haben uns den Präsidentenpalast angeschaut und das Museum des Unabhängigkeitskampfes, das sich in einer alten niederländischen Festung befindet.. Überhaupt sieht man noch überall den holländischen Einschlag, bei der Architektur und natürlich auch wegen der vielen Fahrräder.

Von Yogyakarta ging es weiter nach Bali, wo ich mich wieder mit dem Foodblogger getroffen habe. Zuerst sind wir in ein Kloster im Norden gefahren. Die Mönche dort sind Selbstversorger. Sie bauen ihr eigenes Gemüse an, machen ihre eigene Kokosmilch und sogar eigenen Kokosnussschnaps. Sie kochen nur Fische, die sie selbst gefangen haben, fürs Feuer werden die Kokosnussschalen der eigenen Nüsse verwendet und sogar ihr Salz stellen sie selbst her. Einer der Mönche hat eine Kochschule aufgemacht, um die Jugendlichen von der Straße zu holen. Mit ihm haben wir den ganzen Tag gekocht, herrlich! Auch weil Bali eine ganz andere Küche hat, mit frischem Salat und Gemüse, ein bisschen schärfer – eher wie in Thailand. Die haben wirklich super Sachen gekocht. Besonders gut fand ich die Bumbu-Bali-Paste, eine Würzpaste, die ein bisschen an Thaicurry erinnert, aber noch viel mehr Komponenten beinhaltet. Wir haben damit Fleisch und Fisch mariniert, bevor wie sie gegrillt haben.

Vom Kloster aus sind wir weiter ins Yogaparadies Ubud, wo es wirklich wunderschön ist. Das saftige Grün, die vielen kleinen Cafés und Boutiquen ... Supergemütlich. Wir haben direkt neben dem Monkey Forest gewohnt und überall auf der Straße standen bunte Schreine mit Räucherstäbchen, Blumen und Ketten. Ich bin mir vorgekommen, als wäre ich in einer anderen Welt, weil alles so ruhig und friedlich war.

In Ubud waren wir auch noch sehr gut essen, in einem tollen Restaurant auf Sterneniveau, dem »Locavore«. Es gab unter anderem Oktopus in schwarzer Sauce, kleine Snacks mit gebrannten Reiscrackern, Kongee mit Ei und die weltbesten Petits Fours. Ich bin eigentlich kein Fan von Schokolade, aber diese hier waren wirklich der Hammer. Dazu habe ich eine Cocktailbegleitung genommen. Das war bestes Fine Dining und eines der größten kulinarischen Ereignisse meiner ganzen Reise.

Der Chef war Holländer und einer seiner Köche war ein Deutscher, der schon einen Reisebericht über mich gelesen hatte. Er hat mir erzählt, wie sehr er sich gewünscht hatte, dass ich auch zu ihnen kommen würde. Umso mehr freute er sich natürlich, dass ich nun tatsächlich da war. Er hat mir nicht nur die Küche des »Locavore« gezeigt, sondern auch noch die ihrer anderen Outlets: ein klassisches Restaurant mit indonesischen Spezialitäten und das »LocaLab«, wo sie neue Gerichte ausprobiert haben. Dort hat unter anderem ein Deutscher gearbeitet, der schon bei Harald Wohlfahrt gekocht hat. Tolle Kombi: Geschmäcker von dort, mit der Technik von uns.

Zurück in Jakarta erwartete mich bereits die Familie des Gouverneurs. Es gab wieder ausführliches Sightseeing und abends sind wir in ein spezielles Seafoodrestaurant, das berühmt ist für seine Riesenkrabben. Danach waren wir noch auf dem nächtlichen Süßigkeitenmarkt. Alles Süße ist in Indonesien ja total beliebt. Für mich war es aber ehrlich gesagt meistens viel zu süß.

Vietnam

Auf Vietnam war ich wirklich gespannt, denn superviele Leute hatten mir erzählt, dass man dort unglaublich gut essen kann. Als ich in Hanoi ankam, war ich aber erst mal enttäuscht: Der Himmel war grau, die Straßen dreckig und um mich herum knatterten Tausende Mofas. Der Taxifahrer machte meinen Koffer kaputt und zu allem Überdruss war es schon so spät, dass ich nichts mehr zu essen bekam und hungrig und müde ins Hotel fahren musste – das dann aber so dreckig war, dass ich gar nicht erst eincheckte, sondern mich trotz allem sofort auf die Suche nach einer neuen Bleibe machte. Diese Station meiner Reise schien wahrlich unter keinem guten Stern zu stehen.

Für den nächsten Tag hatte ich eine Foodtour gebucht. Ein Mädchen fuhr mich von einem Restaurant ins nächste, wo ich vor allem Nudeln und Pho, die berühmte Suppe, probieren konnte. Insgeheim hatte ich mir mehr erhofft und gewünscht, dass man mir weniger bekannte Speisen vorsetzen würde. Daher habe ich mich danach selbst noch auf Entdeckungstour gemacht. Wirklich erfolgreich war ich dabei aber leider auch nicht. Ich habe zwar viele Läden entdeckt, in denen ich gern gegessen hätte. Aber immer wieder hieß es, für eine einzelne Person ließe sich das Gericht nicht zubereiten. Also habe ich mich noch einmal bei einer »Private Cooking Tour« angemeldet, um original Sommerrollen zu kochen. Es fing vielsprechend an, aber kurz vor dem Servieren hat die Frau plötzlich ein »Geheimgewürz« aus der Tasche gezogen und noch ins Essen gegeben. In guter alter Köchinnenmanier habe ich mit meinem Finger in dieses Granulat getupft und ihn dann abgeschleckt: Es war reines Glutamat. Brrr …

Von Hanoi bin ich weiter in die Küstenstadt Da Nang, die für ihre Strände bekannt ist, die märchenhaften Marmorberge und die »Goldene Brücke«, die in den Hügeln außerhalb liegt und von riesigen Buddhahänden gehalten wird. Von dort hatte man ei-

Meine liebste Reisebeschäftigung: Marktbesuch. Ich liebe es, die Farben und Gerüche aufzusaugen und so viel wie möglich zu probieren. Die Auswahl an frischen Kräutern in Vietnam war einzigartig.

nen fantastischen Ausblick auf die Landschaft. Am Abend bestellte ich eine Art frittiertes Omelett aus knusprigem Reispapier mit Eihülle, das wie eine Sommerrolle gefüllt war und unglaublich lecker war. Und der vietnamesische Kaffee, der statt mit Milch mit einer Zabaione aus Eigelb und Zucker serviert wird, war auch eine Entdeckung.

Mein nächstes Ziel war Hoi An, die Stadt der Lampions. Ich hatte mir ein Zimmer in einem hübschen Hotel reserviert und am Abend auch gleich ein cooles Restaurant entdeckt: »Vy's Market«. Um die Gasttische in der Mitte standen lauter Marktstände, an denen man sich sein Essen aussuchen konnte. Ich habe mich für gebackene Auberginen, Schweinebauch und eine Suppe entschieden, auch wenn ich schon beim Bestellen wusste, dass ich das niemals alles aufessen können würde. Dabei war alles so gut!

Für den nächsten Tag hatte ich eine Fahrradtour gebucht, auf der wir unter anderem gedämpfte Reismehlcrêpes zubereitet haben, für die wir den Reis vorher selbst gemahlen haben. An einem anderen Stopp haben wir Schnaps mit eingelegten Insekten probiert. Und natürlich hat man uns viele unglaublich malerische Plätze gezeigt. Bei dieser Tour hätte ich echt gerne einen Fotografen dabeigehabt, so schön war es. Nur das Essen war wieder eher uninteressant.

Vom idyllischen Hoi An ging es weiter nach Ho-Chi-Minh-Stadt. Dort hatte mir ein Koch aus Indonesien einen Kontakt zu einer Suppenköchin vermittelt. Die Pho kannte ich zwar bereits, aber interessant war, dass sie alle Gewürze darin vorher auf offenem Feuer anröstete. Dadurch wurde das ohnehin schon intensive Aroma noch

Ganz Hoi An ist mit farbenprächtigen seidenen Lampions geschmückt, aber ich war für die Leute dort als Fotomotiv mindestens genauso interessant wie die geschmückten Straßenzüge für mich.

einmal richtig rausgekitzelt. Das hat wirklich unglaublich gut geschmeckt. Aber dann hat sie, für mich völlig unverständlich, am Ende auch Glutamat in die Suppe gegeben. Mein Herz hat geblutet.

Mein alter Chef aus Sri Lanka hatte mir den Kontakt zu einem guten Freund von sich vermittelt: Sakal Pheoung ist in Kambodscha geboren, aber in Frankreich aufgewachsen und dann nach Asien zurückgekehrt, um dort ein französisches Restaurant aufzumachen, das »Le Corto«. Dort gegessen habe ich zwar nicht, weil ich ja die vietnamesische Küche kennenlernen wollte, nicht die französische. Dafür hat mich Sakal kurzerhand in ein vietnamesisches Fine-Dining-Restaurant mitgenommen. Vietnamesische Gerichte mit tollen Produkten, hübsch angerichtet, einfach lecker. Überhaupt hat mir Ho-Chi-Minh-Stadt in Vietnam am besten gefallen. An gefühlt jeder Ecke gibt es eine Croissanterie, Boulangerie oder Charcuterie. Man fühlt sich fast wie in Paris. Sogar Banh Mi, das vietnamesische Sandwich, wird mit Gänsestopfleber zubereitet. Die beste Suppe habe ich dort auch gegessen, auch wenn ich leider weder weiß, wie sie heißt noch wie man sie macht. Sie hat stark nach gegrilltem Schweinefleisch gerochen, war dabei aber relativ süß und on top wurden unglaublich viele frische Kräuter reingezupft. Das war eins meiner Highlights.

Im Oktober war ich dann noch einmal kurz in Ho-Chi-Minh-Stadt. Kollegen meines alten Chefs haben mit ihrer Kochvereinigung im »Sofitel« ein Foodfestival ausgerichtet, zu dem nur Frauen eingeladen waren. Ich war die einzige Deutsche, Sakal hatte mich vorgeschlagen. Im Hotel hingen riesige Plakate von uns neun Köchinnen. Alles war super organisiert und sogar der französische Botschafter kam vorbei, was mir eine Ehre war. Jeden Tag gab es eine Aktion: am Buffet beim Lunch, abends oder bei einem Kochkurs. Insgesamt habe ich also fünf Teller kreiert, für jeweils 40 bis 50 Personen. Am letzten Tag gab es dann noch ein Chefs Battle, bei dem immer zwei Köchinnen im Team antraten. Die Aufgabe: Kalbsfilet, den Rest konnten wir uns auf der Bühne zusammensuchen. Wir haben zum superzarten Fleisch eine Orangenhollandaise und Möhren in Passionsfruchtfond serviert – und gewonnen. In der Jury saß witzigerweise auch Vy, der das Restaurant mit den Marktständen in Hoi An gehört, wo ich bei meinem letzten Besuch gegessen hatte. Sie hat uns zehn Punkte gegeben.

Kambodscha

Nach meiner ersten Station in Vietnam bin ich aber erst einmal weiter nach Kambodscha. Ich hatte zwar unterwegs ein paar junge Skandinavierinnen kennengelernt, die mir dringend davon abrieten, weil es dort viel zu gefährlich wäre. Aber wenn ich schon mal da war ... Sicherheitshalber entschied ich mich jedoch gegen Phnom Penh und Siem Reap und fuhr direkt mit der Fähre weiter auf die Insel Ko Rongh. Dort hatte ich ein verhältnismäßig teures Hotel an einem wunderschönen Strand gebucht. Einziger Nachteil: Es lag sehr einsam. Um in das Örtchen zu kommen, musste man erst mal einen längeren Fußmarsch durch einen Wald unternehmen. Tagsüber hat mir das nichts ausgemacht, aber in der Dämmerung sah die Sache natürlich ganz anders aus ... Viel los war im Ort aber ohnehin nicht. Es gab drei Kioske, zwei Bars, ein paar Kneipen, einen Supermarkt und noch einen kleinen Markt im Freien.

Das Highlight war ein Ausflug an den sogenannten Sunset Beach. Der Sand war strahlend weiß, das Meer leuchtend blau und der Sonnenuntergang, den ich von der Terrasse eines sicher unglaublich teuren Hotels aus beobachtete, wirklich atemberaubend. Kulinarisch war die Insel dagegen eher ein Flop. Barbecue und Burger, ein bisschen Salat und natürlich Reis: Das war's auch schon. Erst später hat mir bei dem Gourmetfestival in Ho-Chi-Minh-Stadt eine meiner Mitstreiterinnen, Kimsan aus Kambodscha, mit der ich mich total gut verstanden habe, weil wir auf einer Wellenlänge waren, von ihrer Heimatküche vorgeschwärmt. Mit Kimsan würde ich total gerne noch mal durch das Land reisen und die authentische Küche kennenlernen. Damals aber war ich eigentlich ganz froh, dass es nach vier Tagen schon wieder weiterging.

Malaysia

2012 habe ich als ganz junge Köchin einmal für die Deutsche Botschaft in Sri Lanka gekocht. Der Küchenchef von dort, Chef Martin, ist später nach Malaysia gegangen und in seinem Fine-Dining-Restaurant durfte ich 2015 schon einmal drei Wochen mitarbeiten. Wir haben damals mittags angefangen, alles für den Abend vorzubereiten. Nachmittags wurden für die Teatime noch schnell Macarons und Minisandwiches aufgefahren. Danach gingen wir alle zusammen in die Personalkantine, hatten dann Service bis 22 Uhr und nach Feierabend bin ich noch ein bisschen vor die Tür. Als ich in Kuala Lumpur aus dem Flieger stieg, war es also ein bisschen wie Homecoming. Nach Kambodscha, wo die Bevölkerung unendlich arm, die Erde rot und die Städte staubig sind, kam ich mir hier vor wie in einer anderen Welt. Alles war ordentlich und sauber und überhaupt viel geregelter als in anderen asiatischen Ländern.

Ich bezog ein tolles Appartement mit zwei Zimmern, von denen man aus dem einen auf den Fernsehturm, aus dem anderen auf die Petronas Twin Towers blicken konnte. Es gab riesige Malls wie in Dubai, moderne Hochhäuser und schicke Rooftopbars. Abends habe ich in einem Café das beste Shawarma meines Lebens gegessen und war einfach nur glücklich, so wohl habe ich mich gefühlt.

Nachdem ich mich zwei, drei Tage erholt hatte, begann mein Praktikum im Restaurant »Dewakan«, das man mir in Bali empfohlen hatte. Es lag ca. 25 Kilometer vor der Stadt an der Rückseite einer kulinarischen Universität. In deren Keller gab es unzählige Räume mit bestens ausgestatteten Küchen. Es gab einen Zuckerraum, einen Schokoladenraum, einen Tortenraum, eine Metzgerei, in der Patisserie waren die Arbeitsplatten gekühlt … Ich habe noch nie so hochwertig ausgestattete Küchen in einer Restaurantschule gesehen.

Das »Dewakan« selbst war auch ein Highlight. Die Geräte waren nigelnagelneu und es gab wirklich alles, was das Herz eines Kochs höherschlagen lässt. Der Gastraum war schlicht gehalten, asiatisch edel. Die Küche mit offenem Küchenblock, Pass zu den Gästen, hinten eine kleine Patisserie. Smoother Service. Hier hätte ich wirklich gerne mit meinem Team gekocht.

Im »Dewakan« waren nicht nur alle wahnsinnig nett, sie haben auch Englisch gesprochen und ich durfte überall mithelfen. Das war echt toll!

Das Menü war sehr puristisch. Es gab zum Beispiel ein Ziegentatar, das wurde nur abgeschmeckt, dann wurde noch ein Fächer aus Kürbis angelegt, fertig. Oder kleine gebackene Auberginen mit Kaffeeschaum. Nichts war aufwendig angerichtet, aber alles supermodern. Der Chef, Darren Teoh, ist alle zwei Wochen mit seinen Leuten in den Dschungel gefahren, um Früchte zu sammeln, die man auf dem Markt nicht kaufen kann. Und sie haben selbst total ungewöhnliche Produkte hergestellt, zum Beispiel Passionsfrucht ausgehöhlt und die Schalen dann mit Limette und Zitronengras in Zuckersirup gekocht. Anschließend haben sie das Weiße aus der violetten Hülle herausgeschabt und wieder mit etwas von dem Zuckersirup gemixt. Das war dann eine Art Marmelade oder wurde als Bindemittel in Sorbets gegeben.

Als mich Darren fragte, wie mein persönlicher Kochstil wäre, habe ich geantwortet, dass ich Gewürze liebe und das meine Welt wäre. Dann könnte ich doch noch zu einem Kollegen von ihm, einem Inder, meinte er erfreut. Der hätte lange bei Gaggan Anand gearbeitet, dessen Restaurant in Bangkok schon mehrmals als das beste Asiens ausgezeichnet wurde. Nichts lieber als das!

Nach fünf Tagen bin ich also zurück nach Kuala Lumpur, um im »Nadodi« zu arbeiten. Dort hatte man extra auf mich gewartet, um alle Currys durchzukochen. Fischcurry, Hähnchencurry, Rindercurry: Wie in Thailand wurde jedes ein bisschen anders zubereitet. Was sie gemeinsam hatten, war, dass die Kokosmilch stark einreduziert wurde, wodurch sich die Aromen verdichteten, was das Curry aber auch sehr fett und gehaltvoll machte. Das war mir fremd, aber gewürzmäßig genau mein Geschmack.

Im Vergleich zum »Dewakan« waren hier viel mehr Leute in der Küche und es ging allein wegen der vielen Sprachen – Indisch, Chinesisch, Malayisch und Englisch – deutlich chaotischer zu. Anfangs dachte ich auch, dass alles etwas »gröber« gekocht würde. Die Gewürze wurden nicht gemahlen, sondern allenfalls mal angestoßen. Aber am Abend wurde doch sehr schön angerichtet. Besonders hübsch war auch die Speisekarte gemacht, weil bei jedem Gericht stand, was die Köche dazu inspiriert hatte.

Das typisch malaysische Essen ist mir allerdings eher fremd geblieben. Die Suppen beispielsweise, allen voran die Nationalsuppe Laksa, waren mir zu extrem. Das lag vor allem an der Fischsauce, die sie dort verwenden. Sie ist nicht klar wie in Thailand und riecht und schmeckt sehr viel intensiver. Dafür habe ich Mangostane geliebt, die aussehen wie harte schwarze Äpfelchen, aber ein weißes Fruchtfleisch haben und wie Lychee schmecken. Auch Bananenblüten habe ich in Malaysia das erste Mal gegessen.

Philippinen

Bei einem Praktikum in Hongkong habe ich einen Koch kennengelernt, Jordi, der mich direkt in sein Restaurant nach Manila eingeladen hat, die »Toyo Eatery«. Jordi selbst war zwar nicht da, aber er hatte ein junges Team aus bestimmt 25 Leuten und eine tolle Küche, in der ich gerne länger geblieben wäre. Ich habe schon morgens angefangen, weil wir da nur zu zweit waren und ich mir viel erklären lassen konnte, was im hektischen Küchenbetrieb ja sonst oft schwer ist. Um fünf Uhr nachmittags gab es Personalessen, mit lauter Musik, dann haben wir das Restaurant »umgebaut« und für die Gäste eingedeckt. Abends durfte ich am Pass stehen, damit ich alle Gerichte sehen konnte. Die Küche war japanisch angehaucht, es gab viel Fermentiertes, aber alles mit philippinischen Produkten. Die »Toyo Eatery« gilt nicht umsonst als bestes Restaurant der Philippinen. Bei uns hätte so ein Lokal vermutlich zwei oder sogar drei Sterne.

Manila selbst fand ich für eine asiatische Stadt irgendwie superamerikanisch. Aber ich habe, weil ich so viel gearbeitet habe, auch nur wenig mitbekommen. Die »Venice Grand Canal Mall« konnte ich mir jedoch nicht entgehen lassen – eine Mall im venezianischen Stil, mit Kanal, auf dem man im Bötchen herumfahren kann. Ziemlich kitschig, aber im Dunkeln trotzdem irgendwie wunderschön.

Nach drei Tagen ließ ich die Hauptstadt hinter mir und machte mich auf nach El Nido in der Provinz Palawan, von dem unterwegs irgendjemand vorgeschwärmt hatte. Kulinarisch gab es dort nichts Neues zu entdecken, dafür war die Landschaft wirklich traumhaft. Und die Sonnenuntergänge waren einfach phänomenal …

SOMTAM
Papaya & Fischsauce

2 feste (unreife) grüne Papayas | 2 Möhren | 6 Schlangenbohnen (ersatzweise 200 g grüne Bohnen | 2 Soloknoblauch | 2–3 Thai-Chili | 1 Handvoll geröstete Erdnüsse | 1 EL Palmzucker (ersatzweise brauner Zucker) | 4–5 EL Fischsauce | 1–2 Bio-Limetten (in Vierteln) | 10 Cocktailtomaten | 1 Handvoll getrocknete Shrimps (kann man auch weglassen) | Salz

1. Papayas schälen und mit einem Julienneschneider rundherum ganz feine Streifen abraspeln, bis man zum Kerngehäuse kommt (alternativ das Fruchtfleisch mit einem Messer erst in dünne Scheiben, dann in Julienne schneiden). Möhren schälen und ebenfalls in Julienne oder ganz feine Streifen schneiden.
2. Von den Schlangenbohnen die Enden abschneiden und die Bohnen dann in etwa fingerlange Stücke schneiden. Alternativ grüne Bohnen in kochendem Wasser mind. 2 Min. blanchieren, bis sie bissfest und knackig sind. Mit kaltem Wasser abschrecken. (Achtung: Rohe europäische Bohnen sind giftig!)
3. Knoblauch und Thai-Chili samt Kerngehäuse grob hacken. MIt den Erdnüssen, dem Palm- bzw. braunen Zucker, der Fischsauce und den geviertelten Limetten in den Mörser geben und andrücken. 1 Handvoll Papaya- und Möhrenstreifen dazugeben und alles mit Bedacht stampfen. Jetzt kommen die Bohnenstücke dazu, vorsichtig weiterstampfen. Die Bohnen sollen nur leicht angedrückt werden.
4. Mit der Hand alles gut durchmischen, damit sich alle Zutaten gut miteinander verbinden. Dann wieder 1 Handvoll Papayas und Möhren zufügen, wieder mischen und stampfen. So lange wiederholen, bis alle Zutaten aufgebraucht sind.
5. Zum Schluss die Tomaten vierteln und mit den getrockneten Shrimps in den Mörser geben. Alles vermischen und ca. 30 Min. ziehen lassen. Evtl. nochmals mit Fischsauce, Salz, Zucker und Chili abschmecken.

SOMTAM »SEXY« Kürbis & Koriander

KÜRBIS-PANNACOTTA

½ Butternut-Kürbis | 1 Hokkaido-Kürbis | 1 Zwiebel | 1 EL Kokosöl | 1 EL rote Thai-Currypaste | 400ml Kokosmilch | Salz | Limettensaft (nach Geschmack) | 4 Blatt Gelatine

1. Die Kürbisse halbieren oder vierteln, die Schale wegschneiden und die Kerne sowie das Faserige entfernen. Das Fruchtfleisch dann in grobe Würfel schneiden. Zwiebel ebenfalls grob würfeln.
2. Das Öl in einem großen Topf erhitzen, Currypaste, Zwiebel und Kürbis hinzugeben. Kurz anbraten, ohne dass sie deutlich Farbe annehmen. Mit Kokosmilch auffüllen und alles bei niedriger Hitze und geschlossenem Deckel 30–40 Min. köcheln lassen, bis der Kürbis schön weich ist.
3. Durch ein Sieb abgießen, dabei die Kokosmilch auffangen (sie wird später für die Kürbissphäre benötigt). Kürbis und Zwiebeln erst mixen und anschließend noch durch ein feines Sieb streichen. Das Kürbispüree mit Salz und ggf. Limettensaft abschmecken.
4. Die Gelatine in kaltem Wasser einweichen. Vom Püree 400 g abwiegen. Eine kleine Menge davon erhitzen, die ausgedrückte Gelatine hineinrühren und diese Mischung dann mit dem restlichen Püree verrühren. In hübsche Förmchen abfüllen.

KÜRBISSPHÄRE

1 l Apfelsaft | 100 g vegetarische Gelatine (Sosza) | 1 Prise Goldpulver

1. Die bei der Kürbispannacotta aufgefangene Kokosmilch mit etwas Kürbispüree (ebenfalls Rest von der Pannacotta) vermischen, abschmecken, in kleine Kugelformen füllen und einfrieren.
2. Für den Sphärenüberzug Apfelsaft mit vegetarischer Gelatine aufkochen. Die Mischung wird erst dick, dann wieder flüssig. Abkühlen lassen und nochmals aufkochen. Das Goldpulver einrühren.
3. Die gefrorenen Kürbis-Kokos-Kugeln auf Rouladennadeln spießen und durch den Sphärenüberzug ziehen.

Bitte weiterlesen →

KORIANDER- ODER THAI-BASILIKUMCREME

2 Bananen | 1 Stange Zitronengras | 50 g Ingwer | 3 Kaffirlimettenblätter | 1 Chilischote | 700 ml Kokosmilch | 4 Eigelbe | 8 g Gelan oder Agar-Agar | 1 Bund Koriander oder Thai-Basilikum | 100 g Passionsfruchtpüree | 150–200 g Mangopüree

1. Die Bananen grob zerteilen. Mit Zitronengras, Ingwer, Kaffirlimettenblätter und Chili in einen Topf geben, Kokosmilch zufügen, aufkochen und köcheln lassen, bis die Bananen gar sind. Zitronengras, Ingwer, Limettenblätter und Chili herausfischen und die Bananen-Kokosmilch kalt werden lassen.
2. Eigelbe in einer großen Schüssel verquirlen. Gelan bzw. Agar-Agar in die Kokosmilch rühren, 20 Min. stehen lassen, dann langsam erhitzen und 1–2 Min. kochen lassen. Nach und nach auf das Eigelb in der Schüssel gießen, dabei stetig rühren. Die Masse in ein hohes Blech geben und abkühlen lassen.
3. Koriander bzw. Thai-Basilikum hacken und mit der Ei-Kokos-Masse unter Zugabe des Passionsfrucht- und Mangopüree im Standmixer glatt mixen (nicht zu lang, sonst gerinnt die Kokosmilch. Falls das doch passiert, lässt sich die Creme über dem heißen Wasserbad wieder glatt rühren). Anschließend noch durch ein Sieb streichen und in einen Spritzbeutel füllen.

TIPP

Um das meiste Aroma aus Kaffirlimetten- oder Curryblättern herauszuholen, ziehen Sie den Blattstiel vom Ansatz an so weit wie möglich ab.

ERDNUSSCREME

½ Knollensellerie | 200 g Kokosmilch | 300 g geröstete Erdnüsse (aus der Dose) | Salz

Den Backofen auf 160° (Umluft) vorheizen. Knollensellerie schälen, würfeln und in der Kokosmilch abgedeckt bei kleiner Hitze ca. 30 Min. sehr weich kochen. Im Standmixer oder in einer Kochmaschine fein pürieren. Die Erdnüsse mit dem Selleriepüree mixen, bis eine homogene Masse entstanden ist (evtl. etwas Wasser zugeben). In einen Spritzbeutel abfüllen.

ERDNUSS-CRACKER

200 g geröstete Erdnüsse | 1 Ei | 30 g Zucker | 15 g Mehl | Salz

Für den Teig die Erdnüsse stoßweise fein mixen, mit Ei, Zucker und Mehl vermischen und etwas salzen. Den Teig auf Backpapier dünn ausrollen und kurz anfrieren. Den Backofen auf 180° (Umluft) vorheizen. Die Teigplatte im Ofen ca. 10 Min. backen und anschließend zu Chips brechen.

KÜRBISSCHLAUFEN UND -STERNE

300 ml Passionsfruchtpüree | 100 ml Orangensaft | 4 EL Fischsauce | 4 Kaffirlimettenblätter | 2 Chilischoten | 2 Stangen Zitronengras | ½ Muskatkürbis

1. Alle Zutaten bis auf den Kürbis in einem Topf aufkochen und mind. 30 Min. ziehen lassen.
2. Den Kürbis halbieren, die Schale wegschneiden und die Kerne sowie das Faserige entfernen. Eine Hälfte dünn aufschneiden oder hobeln und Sterne ausstechen. Aus der anderen Hälfte mit dem Sparschäler lange Streifen schälen, ggf. etwas zurechtschneiden.
3. Den Passionsfruchtsud durch ein feines Sieb passieren. Aufkochen. Die Hälfte des Suds über die Kürbisstreifen gießen. Die Sterne in den Topf mit dem restlichen Sud geben, 1 Min. aufköcheln und dann im Sud abkühlen lassen. Vakuumieren oder in ein Weckglas füllen.

SOMTAM-SALAT

insges. 400 g Kürbis, Kohlrabi, grüne (unreife) Papaya und Mango | 1 Soloknoblauch | 1 rote Chilischote | Saft und etwas abgeriebene Schale von 2 Limetten | 1 EL brauner Zucker | ½ EL getrocknete Shrimps | 2 EL geröstete Erdnüsse (aus der Dose) | Korianderblätter (nach Belieben)

1. Kürbis, Kohlrabi, grüne Papaya und Mango in Julienne schneiden. Alternativ mit einem einfachen Sparschäler dünne Scheiben abschälen und diese dann mit einem Messer fein schneiden.
2. Für das Dressing Knoblauch und Chili mit Limettensaft und -schale, dem Zucker und den getrockneten Shrimps im Mörser zu einer flüssigen Paste verarbeiten.
3. Die Gemüsejulienne in einer Schüssel mit dem Dressing vermischen und gut durchkneten. Vor dem Anrichten die Erdnüsse grob zerstoßen und mit den abgezupften Korianderblättern untermengen.

ANRICHTEN

Kürbispannacotta auf den Teller setzen, Koriander- und Erdnusscreme dazuspritzen und mit den restlichen Komponenten garnieren.

PAD KA PAO
Thai-Basilikum & Bohne

JASMINREIS

300 g Jasminreis | Salz

1. Zunächst den Reis in einer Schüssel mit kaltem Wasser bedecken und mit den Händen in kreisenden Bewegungen waschen. Durch die überschüssige Stärke wird das Wasser trüb. Den Schüsselinhalt in ein Sieb gießen und den Vorgang so lange wiederholen, bis das Wasser klar bleibt. Auch dieses Wasser wieder abschütten.
2. Den Reis nach dem letzten »Spülgang« in einen Topf geben und mit der 1,5-fachen Menge Wasser (450 ml) sowie einer guten Prise Salz zum Kochen bringen. Zugedeckt auf kleinster Flamme ca. 15–20 Min. quellen lassen. (Alternativ den Reis im Reiskocher zubereiten.)

PAD KA PAO

400 g Schlangenbohnen (ersatzweise grüne Bohnen) | Salz | 2 rote Paprika | 2 Zwiebeln | 2 Soloknoblauch | 2–3 Chilischoten (je nach gewünschtem Schärfegrad reduzieren) | 1 TL Kokosöl | 600 g Schweinehackfleisch | 4 EL Fischsauce | 2 EL helle Sojasauce | 1 EL Austernsauce | 1 EL Zucker | 1 Bund Thai-Basilikum | 4 Eier

1. Die Bohnen putzen und ca. 2 Min. in kochendem Salzwasser blanchieren. Die Paprika in feine Streifen schneiden. Die Zwiebeln in feine Scheiben schneiden, Knoblauch und Chilis fein hacken.
2. Das Öl auf hoher Stufe erhitzen. Chilis und Knoblauch ca. 20 Sek. darin anbraten. Hackfleisch und Zwiebeln zufügen und alles öfter umrühren, bis das Fleisch fast gar ist.
3. Nun kommen Fisch-, Soja- und Austernsauce sowie der Zucker dazu (wenn die Sauce zu salzig ist, mit 2–3 EL Wasser mildern). Die blanchierten Bohnen und fein geschnittenen Paprika unterrühren. Kurz vor dem Servieren noch das Thai-Basilikum darüberzupfen.
4. Die Eier in einer Pfanne als Spiegeleier braten und mit dem Jasminreis zum Fleisch servieren.

ENTENBRUST
Pak Choi & Süßkartoffel

ENTENBRUST

4 Challans-Entenbrüste | Salz | Pfeffer | fruchtiges Currypulver (nach Geschmack)

1. Den Backofen auf 80° (Umluft) vorheizen. Die Haut der Entenbrüste mit einem scharfen Messer einritzen und mit Salz, Pfeffer und etwas Currypulver würzen.
2. Das Fleisch in eine kalte beschichtete Pfanne geben und langsam darin anbraten. Sobald sich die Entenbrust etwas wölbt, das Fleisch beschweren (z. B. mit einem Topf). So brät es gleichmäßig an.
3. Wenn die Hautseite nach 2–3 Min. knusprig golden ist, die Entenbrüste umdrehen und von der anderen Seite ebenfalls kurz anbraten (ca. 1 Min.).
4. Das Fleisch mit einem Fleischthermometer versehen und ca. 5 Min. in den Backofen geben. Es sollte eine Kerntemperatur von 50–52° haben. Den Ofen ausschalten, die Klappe öffnen und die Ente noch ca. 3 Min. ruhen lassen.

TIPP

Statt die Entenbrust wie hier klassisch zu braten, können Sie sie auch im Sous-Vide-Garer zubereiten und dann nur noch kurz auf der Hautseite braten, wie bei der Entenbrust mit Kimchi auf Seite 123.

CURRYSAUCE

2 Schalotten | 1 Soloknoblauch | 1 rote Chilischote | 2 Stangen Zitronengras | 1 EL Butterschmalz oder Kokosfett | 2–3 Bananen | Currypulver Anapurna (nach Geschmack) | 200 ml Entenbrühe (ersatzweise Geflügelfond) | 200 ml Kokosmilch | 100 ml Orangensaft | 50 g Ingwer | 4 Kaffirlimettenblätter | Salz

1. Schalotten fein schneiden, Knoblauch, Chili und Zitronengras fein hacken. Alles in einer Pfanne in Butterschmalz bzw. Kokosfett anschwitzen. Bananen in Stücke schneiden und ebenfalls zufügen. Mit Curry bestäuben und alles kurz weiter anschwitzen.
2. Mit Brühe bzw. Fond, Kokosmilch und Orangensaft ablöschen. Ingwer schälen und dazureiben, Kaffirlimettenblätter zufügen. Bei kleiner Hitze köcheln, bis alles sehr weich ist.
3. Die Sauce pürieren und anschließend noch durch ein feines Sieb passieren. Je nach Konsistenz weitere Brühe oder Kokosmilch zugeben. Mit Salz abschmecken.

TIPP

Wer es gern scharf mag, schwitzt noch etwas gelbe oder rote Currypaste mit an, ehe die Brühe dazukommt.

Bitte weiterlesen →

SÜSSKARTOFFELPLÄTZCHEN UND -PÜREE

200 g Salz | 4 große violette und/oder orange Süßkartoffeln | 3 EL Butter | Kreuzkümmel | Zimt | brauner Zucker | 50 g Mehl | 100 ml Kokosmilch | gemahlener Sternanis

1. Den Backofen auf 170° (Umluft) vorheizen. Das Salz auf einem Backblech verteilen, und die gewaschenen Süßkartoffeln daraufbetten. Im Ofen so lange backen, bis kleine Zuckertröpfchen aus den Süßkartoffeln kommen. Je nach Größe der Süßkartoffeln dauert das 60–90 Min. Das Blech herausnehmen, die Süßkartoffeln etwas abkühlen lassen und die Schale abziehen.
2. Für die Plätzchen 2 Süßkartoffeln in 1 cm dicke Scheiben schneiden. Auf ein mit Backpapier belegtes Backblech legen. Kurz vor dem Anrichten 1 EL Butter in einer Pfanne schmelzen, je 1 Prise Kreuzkümmel, Zimt und braunen Zucker zugeben. Die Süßkartoffelplätzchen kurz darin anbraten und auf dem Teller drapieren.
3. Für das Püree die restliche Butter in einem Topf schmelzen. Das Mehl einrühren, dann die Kokosmilch dazugeben. Kräftig rühren, damit sich keine Klümpchen bilden. Durch die Mehlschwitze hat das Püree später eine schönere Bindung. Die beiden verbliebenen Süßkartoffeln mit der Mehlschwitze und je 1 Prise Kreuzkümmel und Sternanis mixen. Durch ein feines Sieb streichen und in einen Spritzbeutel abfüllen.

INFO

Sie können das Püree auch ohne Mehlschwitze zubereiten, aber so wird es beim Mixen richtig schön glatt.

PAK CHOI

½ Soloknoblauch | ½ Chilischote | 1 Scheibe Ingwer | 1 TL Kokosöl | 30 ml Aceto balsamico | 50 ml Sojasauce | 4 kleine Mini-Pak-Choi

1. Für die Marinade Knoblauch, Chili und Ingwer fein hacken und in einer Pfanne in Kokosöl anschwitzen. Mit Aceto balsamico und Sojasauce ablöschen und alles einmal aufkochen. Evtl. mit etwas Wasser verlängerm.
2. Die Mini-Pak-Choi halbieren. In einer heißen Pfanne ohne Fett anrösten, bis die Blätter anfangen, braun zu werden. Nach Geschmack mit der Marinade ablöschen, einmal durchschwenken und aus der Pfanne nehmen.

EINGELEGTE MÖHREN IN PASSIONSFRUCHTFOND

1 dicke gelbe oder orange Möhre | 150 ml Passionsfruchtsaft | 40 ml Fischsauce | 3 Kaffirlimettenblätter | 1 Stange Zitronengras | 1 rote Chilischote | 3 Scheiben Ingwer | Salz

Die Möhre schälen, in Scheiben schneiden und mit einem Plätzchenausstecher hübsche Formen ausstechen. Die restlichen Zutaten zusammen aufkochen und mind. 30 Min. ziehen lassen – je länger, desto besser. Die ausgestochenen Möhren zugeben, im Sud aufkochen und anschließend darin erkalten lassen.

MANGOGEL

7,5 g Gelan oder Agar-Agar | 750 ml Mangosaft

Gelan bzw. Agar-Agar in den Mangosaft rühren und 20 Min. ziehen lassen. Danach langsam aufkochen und 5 Min. köcheln lassen. Die Flüssigkeit in ein tiefes Blech abfüllen und in den Kühlschrank stellen. Wenn das Gel komplett fest ist, in Würfel schneiden und mixen. Durch ein feines Tuchsieb passieren und in einer Schüssel mehrmals vakuumieren. Dadurch verschwindet die Luft und das Gel wird schön klar. Das glatte Gel in eine Spritzflasche abfüllen.

ANRICHTEN

Zusätzlich: Sriracha-Cashewkerne | weißer und schwarzer Sesam | Fleur de Sel

Die Entenbrust in Stücke schneiden und auf einen Saucenspiegel setzen. Süßkartoffelplätzchen und Pak Choi anlegen und mit Süßkartoffelpüree, eingelegten Möhren und Mangogel garnieren. Zum Schluss noch ein paar Cashewkerne und etwas Sesam auf den Pak Choi streuen und eine Prise Fleur de Sel aufs Fleisch geben.

GADO GADO
Erdnuss & Tempeh

GADO GADO

5 Schalotten | 1 Soloknoblauch | 1 rote Chilischote | 2 EL Erdnussöl | 100 g Erdnüsse | 3 EL süße Sojasauce (Kecap Manis) | 1 geh. EL brauner Zucker | 2 Kaffirlimettenblätter | ½ EL Tamarindenpaste | Saft und abgeriebene Schale von 3 Bio-Limetten | 200 ml Kokosmilch | Salz | 50 g Erdnusspaste | 2 EL rote Currypaste

Schalotten fein schneiden, Knoblauch und Chili fein hacken. In Erdnussöl anschwitzen, dann mit den restlichen Zutaten und 100 ml Wasser aufkochen und etwas einköcheln lassen. Im Mixer pürieren, dann noch durch ein feines Sieb passieren.

SALAT

1,2 kg gemischtes Gemüse (z. B. Spinat , Bohnen, Kohl, Möhren, Tomaten, Gurke, Chili, Rettich, Sprossen, gekochte Kartoffeln) | 4 hart gekochte Eier | 4 Scheiben Tempeh | Öl zum Frittieren (Sonnenblumen- oder Frittieröl)

Das Gemüse waschen und putzen bzw. schälen, Spinat und Bohnen kurz in Salzwasser blanchieren. Sprossen abbrausen und abtropfen lassen. Die hart gekochten Eier pellen und halbieren. Den Tempeh mit einem Plätzchenausstecher ausstechen. Im heißen Öl (170°) golden frittieren. Alles zusammen mit dem Gado Gado anrichten.

SATÉ PADANG
Hühnchen & Gurke

SATÉ

3 Schalotten | Saft und abgeriebene Schale von 2 Bio-Limetten | 50 ml süße Sojasauce (Ketcap Manis) | 1 EL Sojasauce | 2 EL Fischsauce | 1 TL Paprikapulver | 1 TL gemahlener Koriander | 1 TL Curry | 1 TL Muskatnuss | Salz | Pfeffer | 1 kg Hähnchen (entbeinte Keule oder Brust mit Haut; in mundgerechten Stücken) | evtl. Öl

Schalotten fein schneiden. Mit den restlichen Zutaten bis auf das Hähnchen zu einer würzigen Marinade verrühren. Die Hähnchenstücke darin mind. 2 Std., noch besser über Nacht marinieren. Je 5–6 Fleischstücke auf einen Bambusspieß stecken. Auf dem Grill oder mit etwas Öl in der Pfanne pro Seite grillen bzw. braten, bis das Fleisch gar ist.

PADANG-SAUCE

3 Schalotten | 2 Soloknoblauch | 1 Chilischote | 50 g Ingwer | 50 g Galgant | 2 Stangen Zitronengras | 50 ml Erdnussöl | Kreuzkümmel | Koriander | Kurkuma | Currypulver | Muskatnuss | 2 Sternanise | 4 Nelken | 4 Kaffirlimettenblätter | 600 ml kräftige Hühnerbrühe | 1 TL Tamarindenpaste | Salz | 3 EL Reismehl | Limettensaft

Schalotten fein schneiden, Knoblauch, Chili, Ingwer, Galgant und Zitronengras hacken. Alles in Erdnussöl anschwitzen, je eine Prise Kreuzkümmel, Koriander, Kurkuma, Curry und Muskat, Sternanise, Nelken und Kaffirlimettenblätter zufügen. Brühe und Tamarindenpaste zugeben, salzen, köcheln lassen. Mit Reismehl binden und mit Limettensaft verfeinern.

GURKENSALAT

Saft und etwas abgeriebene Schale von 2 Bio-Limetten | 1 EL Fischsauce | Salz | Palmzucker | 1 Thai-Chili | 2 Zweige Koriander | 1 Gurke

Limettensaft mit Fischsauce mischen, Schalenabrieb dazugeben und mit Salz und Palmzucker abschmecken. Chili und Koriander fein hacken und zufügen. Gurken in feine Streifen hobeln oder in Scheiben schneiden und diese hübsch ausstechen. Kurz vor dem Servieren im Dressing marinieren.

AMOK TREI
Wolfsbarsch & Kokos

WOLFSBARSCH

2 Schalotten | 1 Soloknoblauch | 1 rote Chilischote | 2 Stangen Zitronengras | 4 Kaffirlimettenblätter | 50 g Galgant oder Ingwer | 1 Msp. Kurkuma | 4 EL Fischsauce | 100 ml Kokosmilch | 1 TL Garnelenpaste oder rote Currypaste | Salz | Zucker | 600 g Wolfsbarschfilet (ohne Haut; ersatzweise anderes festes Fischfilet z. B. Kabeljau oder Barsch) | 4 Eier | 4 Bananenblätter (ersatzweise hitzebeständige Formen)

Schalotten fein schneiden, Knoblauch, Chili, Zitronengras, Kaffirlimettenblätter und Galgant bzw. Ingwer fein hacken. In einer Schüssel mit Kurkuma, Fischsauce und Kokosmilch verrühren und mit Garnelen- bzw. Currypaste, Salz und Zucker abschmecken. Den Fisch in Würfel schneiden und ca. 1 Std. in der Würzmischung marinieren. Dann die Eier unterrühren. Je ¼ der Mischung in ein Körbchen aus Bananenblättern bzw. eine hitzebeständige Form geben und 8–10 Min. dampfgaren (der Fisch darf max. 65° Kerntemperatur haben).

SPITZKOHL

1 Spitzkohl | 2 Schalotten | Sesamöl | dunkle Sojasauce | 2 EL schwarzer Sesam

Den Spitzkohl in sehr feine Streifen schneiden oder hobeln. Schalotten fein schneiden und in wenig Sesamöl andünsten. Spitzkohl zugeben, kurz auf hoher Temperatur braten, dann mit einem Spritzer Sojasauce ablöschen. Es sollen Röstaromen entstehen. Sesam untermischen.

GEBRATENES GEMÜSE

1 Möhre | 2 Frühlingszwiebeln | 1 Bund grüner Spargel oder 200 g Thai-Spargel | 100 g Babyspinat (optional) | 2 EL Sesamöl | Sojasauce | Fischsauce | Salz

Möhre, Frühlingszwiebeln und Spargel zurechtschneiden bzw. Möhre ausstechen. In Sesamöl kurz scharf anbraten. Zum Schluss noch kurz den Spinat mitschwenken. Pfanne von der Platte nehmen, mit je einem Spritzer Soja- und Fischsauce ablöschen und ggf. leicht nachsalzen.

TIPP

Dazu schmeckt der Kokosreis von Seite 149. Besonders lecker: Noch 5 angedrückte Kardamomkapseln und 1 Stange Zitronengras in die Flüssigkeit geben.

ANRICHTEN

Zusätzlich: 1 Schalotte | 1 TL Butter | 1 Knollensellerie | 250 ml Kokosmilch

Mit Tupfen von Kokos-Sellerie-Püree anrichten. Für dieses die Schalotte fein schneiden, in Butter anschwitzen. Den Sellerie schälen ndn würfeln, die Kokosmilch zufügen. Ca. 30 Min. sehr weich kochen, pürieren und in einen Spritzbeutel füllen.

SOMMERROLLEN
Reisnudeln & Garnele

100 g Reisnudeln (Bun Gao) | Salz | 2–3 Frühlingszwiebeln | 1 kleine Möhre | 1 rote Paprika | 1 Bauerngurke | einige Salatblätter (am besten Asiasalate) | Koriander und Minze (nach Belieben) | 1 EL Sesamöl | 12 rohe Garnelen | 1 TL Zucker | 1 EL Fischsauce | 8 Reispapierblätter

1. Die Reisnudeln in eine Schüssel gegeben, salzen und mit kochendem Wasser übergießen. Wenn sie nach ca. 10 Min. weich sind, in ein Sieb abgießen und gut abtropfen lassen.
2. Frühlingszwiebeln, Möhre, Paprika und Gurke in ca. 6 cm lange feine Streifen schneiden. Salatblätter waschen, trocken tupfen und ggf. die harten Blattrippen entfernen, damit sich die Sommerrollen später besser rollen lassen. Koriander und Minze grob hacken.
3. Das Sesamöl in einer Pfanne erhitzen und die Garnelen darin von allen Seiten kurz anbraten. Zucker zugeben und leicht karamellisieren lassen. Fischsauce hinzufügen und kurz einkochen lassen. Dann die Garnelen aus der Pfanne nehmen, abkühlen lassen und halbieren.
4. Nun kann das Rollen beginnen: Eine flache Schüssel mit warmem Wasser füllen, 1 Reispapierblatt hineinlegen und ca. 20 Sek. sanft im Wasser hin und her drehen. Anschließend ist es so weich, dass es gut befüllt und gerollt werden kann. Das Reispapierblatt auf die saubere, glatte Arbeitsplatte oder ein Brettchen legen und auf dem unteren Drittel 3 halbe Garnelen und etwas Koriander und Minze, darüber etwas Salat, Reisnudeln, Gurke, Möhre und Frühlingszwiebeln verteilen.
5. Nun zunächst das untere Stück des Reispapierblatts nach oben über die Füllung schlagen, dann die Seiten einschlagen und schließlich alles wie einen Wrap aufrollen. Dabei die Füllung ruhig etwas zusammenpressen und die Rolle schön fest aufwickeln. Je fester und gleichmäßiger sie ist, desto leichter lässt sie sich später essen.
6. Sobald die Sommerrollen trocknen, klebt das Reispapier gut und die Rollen können nicht wieder aufgehen.

TIPP

Dazu schmeckt ein Erdnussdip und Nuoc Cham. Für den Dip 160 g Erdnussbutter, 2 Soloknoblauch, 1 kleines Stück Ingwer, 1 Chilischote, Saft und etwas Abrieb von 1 Bio-Limette, 2–3 EL Sojasauce, 3 EL Mangopüree, 3 EL Sweet-Chili-Sauce und ein paar Chiliflocken in ein hohes Gefäß geben und mit einem Stabmixer gut durchmixen. Ist der Dip zu dick, einfach noch ein wenig Wasser hinzufügen. Für Nuoc Cham je 50 ml Fischsauce und Limettensaft mit 50 g Zucker sowie Chiliringen und frischem Koriander nach Belieben verrühren.

ICECREME »UBE-STYLE«

Lila Süßkartoffel & Kalamansi

SÜSSKARTOFFELEIS

400 ml Kokosmilch | 250 Sojadrink | 140 ml Reissirup | 500 g gebackene violette Süßkartoffeln (ohne Schale) | Salz | abgeriebene Schale und Saft von ½ Bio-Limette

Kokosmilch, Sojadrink und Reissirup aufkochen. Die gekochten Süßkartoffeln dazuschneiden und alles gründlich durchmixen. Mit einer Prise Salz würzen und mit etwas Limettensaft und -abrieb abschmecken (vermutlich reicht weniger als die ½ Limette). In der Eismaschine gefrieren.

KALAMANSISUD

50 g Zucker | 100 ml Kalamansisaft

Den Zucker in der gleichen Menge Wasser zum Kochen bringen und ca. 10 Min. leicht kochen lassen. Abkühlen lassen. Von diesem Läuterzucker 50 ml mit dem Kalamansisaft vermischen (den Rest anderweitig verwenden). Den Sud ans Eis angießen.

ANRICHTEN

Zusätzlich: Physalis | Heidelbeeren | Zitronenfilets | geröstetete Kokoschips oder frische Kokosnuss

Etwas Kalamsisud in einen tiefen Teller geben, eine Nocke Eis daraufsetzen und mit halbierten Physalis, Heidelbeeren, zerteilten Zitronenfilets und Kokoschips bzw. Spänen von frischer Kokosnuss garnieren.

NASI LEMAK

Beef Rendang & Sambal

GURKENSALAT, REIS UND EI

½ rote Chilischote | Saft von 1 Zitrone | Zucker | Erdnussöl | Fischsauce | 1 Bio-Gurke | 50 g Ingwer | 250 g Jasminreis | 200 ml Kokosmilch | 1 Kaffirlimettenblatt | Salz | 100 g Erdnüsse (möglichst im Häutchen; ersatzweise geröstete Erdnüsse aus der Dose) | 50 ml Sesamöl | 4 Eier

1. Für das Dressing die Chili fein hacken. Zitronensaft mit einer Prise Zucker, je einem Spritzer Erdnussöl und Fischsauce sowie der fein gehackten Chili verrühren. Die Gurke (mit Schale) der Länge nach möglichst dünn schneiden oder hobeln und im Dressing marinieren.
2. Den Ingwer in dicke Scheiben schneiden. In einem Topf den Reis mit der Kokosmilch, 200 ml Wasser, dem Ingwer, dem Limettenblatt und einer Prise Salz aufkochen und dann 20–30 Min. simmern lassen, bis der Reis gar ist.
3. Erdnüsse in einer Pfanne in Sesamöl kurz rösten, dann salzen (entfällt bei Erdnüssen aus der Dose).
4. Die Eier ca. 8 Min. hart kochen, abschrecken, pellen und halbieren.

SAMBAL

50 g getrocknete Anchovis | 80 ml Sesamöl | 1 EL Tamarindenpaste | 2 Schalotten | 1 Soloknoblauch | 2 rote Chilischoten | 1 EL Garenelenpaste | Salz | Zucker

1. Die Anchovis in Wasser einweichen, trocken tupfen und in 50 ml Sesamöl kurz frittieren, bis sie golden sind.
2. Tamarindenpaste in 100 ml Wasser verrühren. Schalotten fein schneiden, Knoblauch und Chilis fein hacken. Alles im restlichen Sesamöl anschwitzen, dann die frittierten Anchovis dazugeben. Mit Tamarindenwasser ablöschen, die Garnelenpaste zugeben und alles bei kleiner Hitze ca. 15 Min. zu einem Chutney einköcheln. Mit Salz und Zucker abschmecken.

Bitte weiterlesen →

BEEF RENDANG

5 Schalotten | 2 Soloknoblauch | 1 Galgant (ersatzweise 100 g Ingwer) | 4 getrocknete Chilischoten | 3 EL Kokosöl | 1 Zimtstange | 3 Nelken | 3 Sternanise | 5 Kardamomkapseln (angedrückt) | 800 g Rindergulasch (in Würfel geschnitten) | Salz | 300 ml Kokosmilch | 2 TL Tamarindenpaste | 6 Kaffirlimettenblätter | 3 Stangen Zitronengras (nur das Weiße) | 1 EL Zucker

1. Schalotten fein schneiden, Knoblauch, Galgant bzw. Ingwer und Chilis fein hacken. In einer Pfanne das Kokosöl erhitzen und alles kurz darin anschwitzen. Zimt, Nelken, Sternanise und Kardamom zugeben (für noch mehr Aroma die Gewürze vorher kurz im Mörser anstoßen).
2. Das Fleisch gut salzen, mit in die Pfanne geben und kurz anbraten. Die Kokosmilch und 200 ml Wasser angießen. Die Tamarindenpaste mit etwas warmem Wasser anrühren und ebenfalls zum Fleisch geben. Bei kleiner Hitze ca. 1 Std. köcheln.
3. Die Kaffirlimettenblätter sehr fein schneiden. Zitronengras mit einem schweren Messer anschlagen und dann fein hacken. Beides zum Fleisch geben und dieses noch weitere 30–45 Min. köcheln lassen, bis fast keine Flüssigkeit mehr vorhanden ist. Mit Zucker und Salz abschmecken.

ANRICHTEN

Zusätzlich: Röstzwiebeln

In Malaysia wird das Ganze in ein Bananenblatt gehüllt und erhitzt. Ich gebe zuerst den Reis auf einen Teller, übergieße ihn an einer Stelle mit der dicken Sauce und garniere ihn anschließend mit den Erdnüssen, den marinierten Gurken, dem Ei und zusätzlich noch mit Röstzwiebeln.

In Südostasien tauchte ich ein in eine andere Welt: Der bunte Mix der Kulturen, die einzigartige Flora und Fauna und die unglaubliche Vielfalt der Küchen machten es zu einem wahren Paradies. Und die Gastfreundschaft war einfach überwältigend.

誠興
麻雀
公司
宏發燒臘
海天堂
am
上午 7
midnight
午夜 12
Vehicle
waiting will be
prosecuted
without warning
停車等候
會被檢控
而不予警告

Reich der Mitte

China, Hongkong

Ich war unendlich gespannt auf China und hätte niemals gedacht, dass es für meinen Magen so eine Herausforderung wird. Aber die Menschen dort essen wirklich den ganzen Tag und auch nicht gerade wenig. Viel zu oft musste ich leider kapitulieren …

UNBEKANNTES TERRAIN
Kulinarische Abenteuer

Schon lang vor meiner Reise hatte mir ein Kochkollege einen Kontakt in China vermittelt und eigentlich war geplant, dass ich schon im Februar dort sein sollte. Dass es sich dann zwei Monate hinausgezögert hat, war im Nachhinein gar nicht so schlecht. Ich hatte nämlich gerade erst beim »Koch des Jahres« eine Bekannte wiedergetroffen, Agatha, die für eine große Sojasaucenmarke arbeitet und dabei war, mit deutschen Küchenchefs eine Reise nach Hongkong zu organisieren. So bin ich also erst nach China und von dort direkt weiter nach Hongkong.

China

Am Anfang lief leider erst einmal einiges schief. Es fing damit an, dass mein Koffer fehlte, als ich in Shanghai landete. Da stand ich also – ohne Klamotten, ohne mein ganzes Handwerkszeug und ohne meine Gewürze. Als ich auf mein Handy schaute, sah ich, dass ich kein Internet hatte. Das bedeutete: keine E-Mails, kein WhatsApp, kein Instagram. Ich konnte noch nicht mal zu Hause Bescheid geben, dass ich gut angekommen war. Am Flughafen warteten zum Glück schon ein anderer Koch und seine Freundin auf mich, denn ich hätte nicht gewusst, wie ich mich allein zurechtfinden sollte. Wir fuhren erst mal in ein Restaurant, was ich als gutes Omen nahm. Das Essen war dann auch wirklich außergewöhnlich. Es gab gut gewürzte Edamame mit leicht süß glasiertem, würzigem Schweinebauch. Schlangenhaut, die mit viel Chili gewürzt war, aber trotzdem ebenfalls leicht süßlich geschmeckt hat, dazu ganze Knoblauchzehen und Bohnen. Rohe Krebse, die scheinbar in irgendeinem Schnaps eingelegt worden waren, weil sie extrem nach Alkohol geschmeckt haben. Krokodil. Suppe mit Krebs und Ente. Suppe abgebunden. Kuchen aus feinem gepressten Reis, der superchewy war, wenn man reingebissen hat … Ein wahres Geschmacksfeuerwerk!

Am nächsten Morgen ging es weiter. Geplant war, dass ich an drei verschiedenen Orten koche. Ich hatte schon von Deutschland aus durchgegeben, was ich dazu alles brauchen würde. Aber jetzt erfuhr ich, dass es nicht alles gegeben hatte. Hätte mich jemand informiert, hätte ich leicht umdisponieren können. Aber so hieß es erst mal einkaufen, um vielleicht doch noch die eine oder andere Zutat zu ergattern.

Nach dem Einkaufen ging es direkt zum Mittagessen in eine Art Shoppingcenter. Auf einer riesigen Theke waren alle Gerichte in Plastik nachgebildet. Dazu gab es jeweils eine kleine Karte, die man sich einfach in ein Einkaufskörbchen legte und an der Kasse abgab. Dann kam das Essen: Eine Speise nach der anderen wurde aufgetragen und alles wurde in die Mitte des Tisches gestellt, wo noch mal eine runde Drehplatte eingelassen war, damit sich jeder, der wollte, bedienen konnte. Es gab Hühnchen, Hühnerfüße, Fisch, eine gemischte Meeresfrüchteplatte, verschiedenes Geräuchertes und Frittiertes, Lotuswurzeln in einer dicken Marinade und gefüllt mit Püree, Brot, das aussah wie indisches Naan, Shiitake-Pilze in dicker Sauce, eine Art Crème Brûlée mit Muscheln, Pak Choi ... Als wir am Ende gingen, war der Tisch immer noch voll.

An diesem Tag habe ich unter anderem auch erfahren, wie man Pekingente richtig isst: mit hauchdünnen Reisteigpfannkuchen, ein bisschen Gurke, Rettich und Lauch, Zucker und Hoisinsauce. Die Ente war leider aber nicht so saftig, wie ich es mir immer vorgestellt hatte. Der Reis wurde übrigens erst ganz am Schluss serviert, nicht als Beilage, sondern als eigenständiger Gang. Irgendwie war alles recht befremdlich. Und dass ich mich mit meiner Begleitung nur mithilfe von Google-Translator unterhalten konnte, machte die Sache nicht unbedingt einfacher.

Wir fuhren dann erst mal eine Weile raus aus Shanghai, bis wir nach etwa drei Stunden in dem Restaurant ankamen, in dem ich am nächsten Tag kochen sollte. Ich hätte am liebsten nur schnell einen Schluck getrunken und dann losgelegt. Stattdessen ging es aber erst mal ins Hotel. Dort war schon wieder ein Tisch für uns gedeckt und es kamen lauter Leute – Köche, Service und Presse –, um mich zu begrüßen. Dann fingen sie an, den Tisch zu bestücken ...

Ich saß wie auf glühenden Kohlen, denn eigentlich musste ich ja unbedingt in die Küche, um meine Sachen vorzubereiten. Die Lammjus konnte ich unmöglich in drei Stunden zubereiten und vieles musste auch in den Froster. Aber an Aufbruch war nicht zu denken. Stattdessen wurden immer mehr Speisen und Getränke aufgefahren. Und es waren echt großartige Sachen dabei. Schon das Obst – Rambutan, Pfirsich und Drachenfrucht –, das jedem von uns zur Begrüßung überreicht wurde, lag auf von unten beleuchtetem Trockeneis. Gegen halb zwölf habe ich mich trotzdem verabschiedet und im Restaurant noch zwei Stunden ganz allein meine Sachen vorbereitet – und die Ruhe um mich herum genossen.

Am nächsten Morgen wollte ich nur schnell einen Kaffee trinken und dann gleich wieder in die Küche. Aber meine Gastgeber hatten andere Pläne. Sie fuhren mit mir nach Nang Ton oder wie sie es nannten: die Stadt des ewigen Lebens. Dort stand nach einem gemeinsamen Frühstück ein Shooting mit einem Fernsehteam und ein Marktbesuch an. Schade, dass ich es gar nicht so genießen konnte, weil ich immer an »meine« Küche gedacht habe. Zurück im Restaurant wartete die nächste Überraschung

Das Speisenangebot in China hat mich wirklich überwältigt. Noch mehr beeindruckt hat mich, wie viel die Leute dort essen können. Ich hätte so oft gern noch mehr probiert, war aber einfach satt.

auf mich. Man hatte eine Frau gefunden, die Englisch sprach und für mich übersetzte. Das machte alles so viel einfacher.

Für den Abend war wieder eine Riesenveranstaltung geplant. Außer mir waren noch fünf andere Gastköche eingeladen. Es gab eine Signature Wall, auf der wir alle unterschrieben haben, dann kamen ein Politiker, ein Filmteam, eine Moderatorin und alle wollten Fotos mit mir machen. Ich weiß bis heute nicht, worum es eigentlich ging. Aber es gab total ausgefallene Sachen. Einer der Köche hatte beispielsweise Lippenstifte aus Gänseleber serviert, die mit Cassis überzogen waren. Als ich meine Teller angerichtet habe, standen 20 Köche um mich herum und haben fotografiert. Mein Stil war für sie scheinbar genauso ungewöhnlich wie ihrer für mich.

Am nächsten Tag sind wir in das nächste Restaurant gefahren, in dem ich kochen sollte. Während ich an meinem Menü gearbeitet habe, hat vor der Tür ein Künstler die ganze Zeit über an einer Eisfigur geschnitzt, die später die nächste Signature Wall zieren sollte. Wirklich beeindruckend! Nach dem Dinner sind wir dann alle noch zum Hot-Pot-Essen. Es wurde verschiedenes rohes Fleisch bestellt, dazu kamen mehrere Saucen und Teller auf den Tisch. Im Hot Pot selbst blubberte eine klare und eine rote Flüssigkeit. Ich habe mein Fleisch in die rote gehalten, weil ich dachte, das wäre eine würzige Chilibrühe. Erst als das Rote später auf einem Teller hart wurde, habe ich gemerkt, dass es Fett war. Trotzdem zählt Hot Pot zu meinen ganz persönlichen Highlights in China – zusammen mit Dim Sum, die mit Suppe gefüllt waren. Bis ich diesem Rätsel zurück in Köln auf die Schliche gekommen bin, sind wirklich Monate vergangen.

Ich fuhr noch allein weiter in eine Schule, wo ich zwei Videos drehen sollte. Es war etwas seltsam, denn der Organisator saß in Singapur und weder das Filmteam noch ich wussten, was ich genau machen sollte. Ich habe dann einfach auf Englisch das gemacht, was ich auch für den WDR mache, und gehofft, dass es gut wird.

Meinen letzten Tag in China verbrachte ich noch einmal in Shanghai. Ich hatte eine Stadtführung gebucht, aber eigentlich kann ich mich nur noch daran erinnern, dass vor allen Pekingentenläden lange Schlangen standen, weil am nächsten Tag ein Feiertag war. Irgendwie dreht sich in China eben alles ums Essen.

Hongkong

Kaum war ich in Hongkong gelandet, gab es auch wieder Internet. Ich hatte das Gefühl, dass die Welt mich wieder hatte. Überglücklich fiel ich meiner Freundin Agatha in die Arme. Aber dann bekam ich gleich den nächsten Schreck: Als ich einen Schluck aus ihrer Wasserflasche nahm, schmeckte es wie Zuckerbrühe. Auch der Wein zum Essen schmeckte pappsüß. Ich hatte richtig Panik. Was, wenn das blieb? Wie sollte ich dann noch arbeiten? Zum Glück war der Spuk nach drei Tagen vorüber und vermutlich war nur das Glutamat in irgendeinem Essen schuld daran, dass meine Geschmacksnerven verrückt spielten. Ich war erleichtert.

Die Sojasaucenfirma, für die Agatha arbeitete, feierte 250-jähriges Jubiläum und meine Freundin hatte für das Personal eine riesige Party organisiert. Jeder bekam eine rote Jacke mit Pandaaufdruck und einen Fächer, dann wanderten alle einen Berg hinauf, wo in einer Zeremonie der Firmengründer gedacht und abends gegessen wurde. Weil mich Agatha »eingeschmuggelt« hatte, konnte ich das lustige Treiben live miterleben – natürlich auch in Pandajacke.

Nachdem in den nächsten Tagen noch andere Köche zu uns gestoßen waren, fuhren wir noch einmal über die Grenze nach China, um eine der Sojasaucenfabriken zu besichtigen. Ungelogen: Die ganze Stadt hat nach Sojasauce gerochen. Zwischendurch hielten wir an kleinen Märkten, auf denen getrocknete Pilze und Tee verkauft wurde. Wieder zurück in Hongkong gab es noch eine wunderschöne Teeparty.

Ein andermal ging es in eine Austernsaucenfabrik. Es gab viel zu sehen und natürlich konnten wir alle Produkte probieren. Zum Abschluss hat uns dann noch ein chinesischer Sternekoch gezeigt, wie man richtig mit dem Wok kocht. Ich habe es einfach nur genossen, unter lauten Köchen zu sein, fachzusimpeln und mich auf Deutsch und Englisch zu unterhalten. Als alle wieder abreisten, fiel mir der Abschied echt schwer. Aber ich wollte unbedingt noch länger in dieser aufregenden Stadt bleiben.

Ich begann ein Praktikum bei Augustin Balbi, das mir Rolling Pin organisiert hatte. Moderne, japanisch inspirierte Fusionküche. Sternewürdig. Während des Praktikums wohnte ich bei Florence, die ich aus Bangkok kannte. Ich habe sie jeden Abend nach der Arbeit abgeholt und wir sind noch um die Häuser gezogen. Natürlich traf ich auch ihr Team aus dem »Mandarin Oriental« wieder. Ich habe mich fast wie zu Hause gefühlt.

Um die tolle Zeit gebührend zu beenden, war ich an meinem letzten Abend dann noch bei Eric Räty im »Arbor« essen, der auch schon bei Sven Elverfeld in Wolfsburg gearbeitet hat. Bei ihm hätte ich so gern auch ein Praktikum gemacht. Leider ist daraus nichts geworden, weil sein Restaurant zu einem Hotel gehört und das ganze Prozedere in Hongkong einfach sehr schwierig ist. Aber immerhin kam ich so in den Genuss seiner Kochkunst. Auch die hat ihre beiden Sterne absolut verdient.

CHAO BAO
Schweinebäckchen & Sternanis

GESCHMORTE SCHWEINEBÄCKCHEN MIT STERNANISSAUCE

8 kleine Schweinebäckchen (ca. 1,2 kg) | Salz | Pfeffer | Mehl zum Bestäuben | 50 g Schweine- oder Butterschmalz | 2 Zwiebeln | 3 Möhren | ⅓ Knollensellerie | 1 rote Chilischote | 100 g Ingwer | 2 EL Tomatenmark | 300 ml trockener Rotwein | 750 ml dunkler Kalbsfond | 750 ml Pflaumensaft | 80 ml dunkle Sojasauce | 2 Lorbeerblätter | 5 Wacholderbeeren | 10 Sternanise | 2 Zimtstangen | Stärke (nach Belieben)

1. Den Backofen auf 180° (Umluft) vorheizen. Die Schweinebäckchen kräftig mit Salz und Pfeffer würzen, mit etwas Mehl bestäuben und in einem Bräter in heißem Fett von beiden Seiten anbraten. Herausnehmen.
2. Zwiebeln, Möhren und Sellerie grob würfeln, Chili und Ingwer hacken. Im selben Fett wie die Bäckchen anbraten. Tomatenmark dazugeben und alles bei mittlerer Hitze 10–15 Min. rösten. Mit Rotwein ablöschen, ca. 10 Min. reduzieren. Kalbsfond angießen und die Bäckchen zurück in den Bräter geben. Pflaumensaft, Sojasauce und Gewürze hinzufügen. Den abgedeckten Bräter in den Ofen schieben (mittlere Schiene) und die Bäckchen ca. 1 Std. darin schmoren.
3. Die Schweinebäckchen aus dem Bräter nehmen, etwas abkühlen lassen. 4 schöne Scheiben abschneiden, den Rest für die Füllung der Dampfknödel (siehe Seite 90) klein würfeln und beiseitestellen.
4. Den Sud aus dem Bräter durch ein Sieb geben und die Flüssigkeit in einem Topf auffangen. Mit Salz und Pfeffer abschmecken und evtl. mit etwas Stärke binden. Vor dem Servieren die in Scheiben geschnittenen Bäckchen noch einmal in der Sauce warm machen.

Bitte weiterlesen →

GEFÜLLTE DAMPFKNÖDEL

½ Würfel frische Hefe | 250 g Mehl (plus etwas Mehl zum Arbeiten) | 1 TL Zucker | 500 g gewürfelte Schweinebäckchen (siehe Seite 89) | 1 ½ TL Fünf-Gewürze-Pulver | 1 Frühlingszwiebel | 1 rote Chilischote | 1 Soloknoblauch | 1 TL brauner Zucker | 2 EL dunkle Sojasauce | Salz | 1 EL Sesamöl

1. 150 ml Wasser lauwarm erhitzen und die Hefe darin auflösen. Das Mehl in eine Schüssel sieben, eine Vertiefung hineindrücken, gelöste Hefe und Zucker dazugeben und alles ca. 3 Min. zu einem glatten Teig kneten. Abgedeckt an einem warmen Ort ca. 45 Min. gehen lassen.
2. Für die Füllung die Schweinebäckchen mit Fünf-Gewürze-Pulver mischen und ca. 30 Min. ziehen lassen. Derweil die Frühlingszwiebel fein schneiden und die Chili fein hacken. Beides mit den Bäckchen mischen, den Knoblauch dazu pressen und mit Zucker, Sojasauce, Salz und Sesamöl würzen.
3. Den Teig auf einer bemehlten Arbeitsfläche mit den Händen durchkneten, mit einem Nudelholz 3–4 mm dick ausrollen und mit einer runden Ausstechform (ca. 7 cm Ø) 4 Kreise ausstechen. Jeweils etwas Füllung in die Mitte setzen und den Teig darüber zu einem »Brötchen« zusammendrehen. Die Ränder gut festdrücken.
4. Einen Bambusdämpfer mit Backpapier auslegen. Die Brötchen hineinsetzen. Einen Kochtopf ca. 5 cm hoch mit Wasser füllen und das Wasser zum Kochen bringen. Bambusdämpfer auf den Topf setzen und die Brötchen zugedeckt bei starker Hitze ca. 20 Min. dämpfen.

ANRICHTEN

Zusätzlich: Shisokresse
Die gefüllten Dampfknödel auf eine Scheibe Schweinebäckchen setzen, den Spargel anlegen und Kleckse von Pastinakenpüree dazuspritzen. Mit Shisokresse garnieren.

PASTINAKENPÜREE UND SPARGEL

1 Schalotte | 500 g Pastinaken | 1 TL Butter | 250 ml Kokosmilch | 500 g grüner Spargel | 1 TL Sojasauce | 1 TL Sesamöl

Die Schalotte fein schneiden, die Pastinaken schälen und würfeln. Schalotte in Butter anschwitzen, Pastinaken und Kokosmilch zufügen und alles ca. 30 Min. sehr weich kochen. Mixen und in einen Spritzbeutel füllen. Den Spargel in mundgerechte Stücke schneiden und ohne Öl in einer Pfanne scharf anbraten, damit Röstaromen entstehen. Mit Sesamöl und Sojasauce ablöschen.

Auch wenn ich nur einen winzigen Teil dieses riesigen Landes kennenlernen durfte, war ich überwältigt von der Fülle an neuen Erfahrungen. Und kulinarisch war vieles wirklich eine komplett andere Welt.

CRISPY SCHWEINEBAUCH
Soja & Kaiserschote

KNUSPRIGER SCHWEINEBAUCH

1 Soloknoblauch | 1 rote Chilischote | 5 EL Sojasauce | 2 EL Black-Bean-Sauce | 2 EL Terriyakisauce | 1 Sternanis (gemahlen) | 10 g Fenchelsamen | 1 kg Schweinebauch (Iberico/Ibaiama) | etwas Mehl | Öl zum Frittieren (Sonnenblumen- oder Frittieröl)

Knoblauch und Chili hacken. In einer Schale mit den Saucen und den Gewürzen zu einer Marinade vermischen. Die Haut des Schweinebauchs in feinen Rauten einschneiden, die Marinade ins Fleisch massieren und den Schweinebauch dann in einem Vakuumbeutel vakuumieren. 24 Std. bei 65° garen. Anschließend den Beutel in Eiswasser abschrecken und auskühlen lassen. Den Schweinebauch in Scheiben schneiden, leicht mehlieren und in heißem Fett knusprig frittieren.

GEMÜSE

3 EL helle Sojasauce | 1 El Honig | 1 EL Sesamöl (plus etwas Öl zum Braten) | 1 EL weißer Sesam | 250 g Kaiserschoten | 200 g grüner Spargel | 100 g Sojasprossen

Für die Marinade in einem Schälchen Sojasauce, Honig, Sesamöl und Sesam verrühren. Kaiserschoten und Spargel waschen, putzen und in mundgerechte Stücke schneiden. Die Sprossen abbrausen und abtropfen lassen. Das Gemüse in einer heißen Pfanne mit ein paar Tropfen Sesamöl ganz kurz scharf anbraten, dann mit der Marinade ablöschen und direkt aus der Pfanne nehmen. Erst jetzt die Sojasprossen dazugeben.

MÖHRENPÜREE

3 dicke Möhren | 200 g Salz | 30 g Butter | 50 g Mehl | 150 ml Kokosmilch | Sternanis (gemahlen)

Das Püree wie auf Seite 66 beschrieben zubereiten – mit gebackenen Möhren statt Süßkartoffeln.

TANG YUAN
Mango & schwarzer Sesam

SESAMFÜLLUNG

100 g gerösteter schwarzer Sesam | 100 g Zucker | 40 g Sesamöl | 40 g Passionsfruchtpüree | ½ Banane | 40 g kalte Butter

Sesam mit Zucker und Sesamöl im Standmixer fein pürieren. Passionsfruchtpüree und Banane dazugeben und weitermixen. Wenn die Masse richtig fein ist und gute Zimmertemperatur erreicht hat, die Butter in Flöckchen einemulgieren. Die Masse in 12 kleinen Kugelformen einfrieren, so lässt sie sich später einfacher zu schönen Bällchen formen.

KLEBREISTEIG

100 g Klebreismehl | 100 g Weizenmehl | 20 g Invert- oder Puderzucker | Salz

Die beiden Mehle mit Invertzucker und einer Prise Salz in einer Schüssel vermengen, nach und nach 300 g warmes Wasser dazugeben und zu einem glatten Teig verkneten. Abgedeckt kurz ruhen lassen. 12 kleine Kugeln aus dem Teig formen, jede flach drücken und die gefrorenen Sesambällchen ordentlich darin »einpacken«. Kalt stellen und erst kurz vor dem Anrichten 5 Min. in kochendem Wasser sieden lassen.

INFO

Klebreisteig und Sesamfüllung sind für die dreifache Menge berechnet, weil sie sich sonst schwer herstellen lassen. Übrig gebliebene Tang Yuan können Sie jedoch problemlos ungekocht einfrieren. Noch gefroren wie beschrieben 6 Min. garen.

TEESUD

100 g Ingwer | 2 Stangen Zitronengras | 4 Kaffirlimettenblätter | 200 ml Apfelsaft | 6 EL grüner Tee

Den Ingwer grob hacken. Das Zitronengras mit einem breiten Messer anschlagen und danach in kleine Stücke schneiden. Beides mit den Kaffirlimettenblättern in einem ausreichend großen Gefäß mit Apfelsaft mischen. Den Tee mit 200 ml 85–90° heißem Wasser übergießen und das Wasser anschließend direkt wieder wegschütten. Den Tee erneut mit 200 ml heißem Wasser aufgießen und 6 Min. ziehen lassen. Noch warm zum Apfelsaft gießen und den Sud ca. 1 Std. ziehen lassen.

Bitte weiterlesen →

MANGOSALAT

1 kleines Stück rote Chilischote (je nach Schärfe) | 2 Zweige Koriander, Zitronenmelisse oder Thai-Basilikum | Saft von 1 Zitrone | 2 Mangos

Die Chili fein hacken, die Kräuter in sehr feine Streifen schneiden. Mit dem Zitronensaft verrühren. Die Mango schälen, das Fruchtfleisch vom Stein lösen und in Scheiben schneiden. Mit einem Ausstecher kleine Kreise ausstechen und in dem aromatisierten Zitronensaft marinieren (das restliche Fruchtfleisch wird für die Mango-Ganache gemixt, siehe unten).

MANGOGANACHE

1 Blatt Gelatine | 150 g weiße Kuvertüre | 90 g Sahne | 70 g Mangopüree | 50 g kalte Butter

Gelatine in kaltem Wasser einweichen. Die Schokolade in einem Mixbecher über dem heißen Wasserbad etwas anschmelzen. Sahne aufkochen, die ausgedrückte Gelatine darin auflösen und die Mischung dann vorsichtig auf die angeschmolzene Schokolade gießen. Mit einem Pürierstab Sahne und Schokolade gut vermischen. Das Mangopüree hinzugeben. Wenn die Masse eine Temperatur von 34° hat, die Butter in Flöckchen einmixen und die Ganache in einen Spritzbeutel abfüllen.

INFO

Auch die Mango-Kokos-Creme ergibt mehr als benötigt. Sie können die Creme aber einfach am nächsten Tag pur als Dessert servieren oder sie einfrieren. Falls sie sich getrennt hat, einfach im Wasserbad warm machen und noch einmal kräftig mit dem Schneebesen durchrühren. Dasselbe gilt, wenn Sie die Creme eingefroren und wieder aufgetaut haben.

MANGO-KOKOS-CREME

600 ml Kokosmilch | 400 g Mangopüree | 9 g Gelan oder Agar-Agar | 4 Eigelbe | 100 g Passionsfruchtsaft

Kokosmilch, Mangopüree und Gelan bzw. Agar-Agar vermischen und 15 Min. quellen lassen. Die Flüssigkeit unter Rühren aufkochen und langsam auf die Eigelbe schütten. Die Masse auf einem Blech abkühlen lassen. Wenn sie fest geworden ist, in Stücke schneiden und im Standmixer zu einer glatten Creme mixen. Nach Bedarf mit Passionsfruchtsaft strecken (evtl. braucht es dazu nicht die gesamte Menge).

GEBACKENE SÜSSKARTOFFELPLÄTZCHEN

1 Süßkartoffel | flüssige Butter | brauner Zucker

Den Backofen auf 160° (Umluft) vorheizen. Die Süßkartoffel waschen und in der Schale backen, bis der karamellisierte Saft anfängt auszutreten. Das dauert je nach Größe der Süßkartoffel 1–1,5 Std. Herausnehmen, abkühlen lassen, dann schälen, in Scheiben schneiden und mit einem Ausstecher in schöne Formen ausstechen. Vor dem Servieren mit der geschmolzenen Butter bepinseln und mit dem braunen Zucker bestreuen. Kurz unter den Backofengrill im Backofen karamellisieren oder mit einem Crème-Brûlée-Flämmer abflämmen.

KNÄCKEBROT

1 Ei | 4 EL Chiasamen (in 3 EL warmem Wasser eingeweicht) | 4 EL Weizenkleie | 4 EL Leinsamen | je 2 EL weißer und schwarzer Sesam

Den Backofen auf 160° (Umluft) vorheizen. In einer Schüssel alle Zutaten vermischen und auf einem mit Backpapier ausgelegten Blech fein aufstreichen. Umso dünner, desto schöner. Das Knäckebrot im Ofen 20 Min. backen. Je nach Ofen kann man es dabei nach 15 Min. einmal wenden, damit es schön knusprig wird.

ANRICHTEN

Zusätzlich: rosa Sushi-Ingwer | Goa-Kresse oder Koriander (nach Belieben)

Gefüllte Tang Yuan auf Teller setzen, rundherum Mangosalat, Mangoganache, Mango-Kokos-Creme und Süßkartoffelplätzchen verteilen. Das Knäckebrot in kleine Stücke brechen und dazustecken. Alles mit Sushi-Ingwer und evtl. der Goa-Kresse bzw. dem Koriander garnieren . Unmittelbar vor dem Servieren den Teesud angießen.

In Hongkong werden Tang Yuan ganz pur in Ingwertee serviert, wobei der Klebreisteig oft eine helle Füllung aus gerösteten Erdnüssen, Sesamöl und Banane umhüllt.

DIM SUM
Shii Take & Frühlingszwiebel

50 g Sushireis | 3 Schalotten | 1 Soloknoblauch | 50 g Ingwer | 1 rote Chilischote | 400 g Shiitake-Pilze | 1 dicke Möhre | ½ Spitzkohl | 1 TL Zucker | Salz | 3 Frühlingszwiebeln | je 1 EL weißer und schwarzer Sesam | 3–4 EL Sesamöl | Honig | Sojasauce | Sweet-Chili-Sauce | 24 Dim-Sum-Teigblätter

1. Für die Füllung Sushireis mit 100 ml Wasser aufsetzen und 15–20 Min. kochen. Anschließend leicht abkühlen lassen.
2. Schalotten fein schneiden, Knoblauch, Ingwer und Chili fein hacken. Shiitake klein würfeln. Die Möhre schälen und in Julienne schneiden. Den Spitzkohl in feine Streifen hobeln oder schneiden. Möhren und Spitzkohl mit Zucker und Salz ankneten. Die Frühlingszwiebeln fein schneiden. Den Sesam ohne Fett in einer Pfanne anrösten.
3. Schalotten, Knoblauch, Ingwer und Chili in Sesamöl anschwitzen. Die Shiitake zugeben und mitbraten. Mit Honig leicht karamellisieren und mit einem großen Spritzer Sojasauce ablöschen.
4. Schalotten-Knoblauch-Pilze-Mix, Möhren, Spitzkohl, Frühlingszwiebeln und gerösteten Sesam in einer Schüssel verkneten und mit Honig, Sojasauce und Sweet-Chili-Sauce abschmecken.
5. Je 1 EL der Füllung auf 1 Teigblatt geben, den Teig darüberlegen und schön verschließen (evtl. hübsch falten). Die Dim Sum im Dämpfer oder in einem Sieb über heißem Wasserdampf ca. 8 Min. garen.

GEDÄMPFTER LOUP DE MER
Chili & Sesamöl

VORBEREITEN ★

EINGELEGTER INGWER

1 Stange Zitronengras | 50 ml Reisessig | 50 g Zucker | Salz | 150 g Ingwer

Zitronengras mit einem schweren Messer andrücken. Mit Reisessig, 50 ml Wasser, Zucker und einer Prise Salz in einem Topf zum Kochen bringen und 10 Min. ziehen lassen. Währenddessen den Ingwer in ganz feine Scheiben schneiden oder hobeln. In den heißen Sud legen und über Nacht darin ziehen lassen.

GEDÄMPFTER LOUP DE MER

1 Soloknoblauch | 50 g Ingwer | 1 rote Chilischote | 1 Frühlingszwiebel | 3 EL Sesamöl | Zucker | 4 EL Sojasauce | 4 Loup de Mer (alternativ 4 Skreifilets) | Salz

1. Knoblauch, Ingwer und Chili sehr fein hacken. Das Weiße der Frühlingszwiebel in dünne Scheiben schneiden. Den grünen Teil beiseitelegen.
2. In einer kleinen Pfanne das Sesamöl erhitzen und die gehackten Zutaten darin kurz anrösten, mit etwas Zucker bestreuen und kurz karamellisieren, dann mit Sojasauce ablöschen und die Pfanne zur Seite ziehen.
3. Den Fisch leicht salzen und in den Dämpfer legen. Das Grüne von der Frühlingszwiebel in schräge Ringe schneiden und rundherum verteilen. Die gebratenen Aromaten darübergeben und den Fisch je nach Größe, Dicke und Dämpfer 5–8 Min. dämpfen (Kerntemperatur ca. 56°).

GEBRATENES GEMÜSE

1 Schalotte | ½ Soloknoblauch | 1 rote Chilischote | 100 g Kaiserschoten | 2 Möhren | Sesamöl | 100 g Sprossen | Sojasauce | Salz

Schalotte, Knoblauch und Chili fein schneiden. Das Gemüse hübsch in Form schneiden bzw. ausstechen. Alles in wenig Sesamöl anbraten, das Gemüse soll schön knackig bleiben. Ganz am Schluss die Sprossen zugeben und mit einem Spritzer Sojasauce und Salz würzen.

ANRICHTEN

Zusätzlich: 4 Zweige Koriander

Den Fisch mit Gemüse, Ingwer und Koriander hübsch garnieren. Dazu schmecken Reisnudeln mit dem Ingwersud.

Knapp 300 Stufen führen hinauf zu Tian Tan Buddha, auch Big Buddha genannt. Von der Plattform hat man einen sagenhaften Ausblick ins Umland.

China und Hongkong sind die Länder der Superlative. Mystische Landschaften und laute Millionenmetropolen existieren friedlich nebeneinander. Und beide versprühen sie eine Faszination, die weltweit ihresgleichen sucht – genauso wie die Küche dort.

Ferner Osten

Japan, Südkorea

Auch wenn ich nur vergleichsweise kurz in Japan und Korea bleiben konnte, waren beide doch ganz besondere Länder: In einem wird das Produkt, im anderen Gemüse ganz großgeschrieben, was beide Küchen mit meinem eigenen Stil verbindet.

DEM GESCHMACK AUF DER SPUR

Ganz neue Eindrücke

Als ich in Japan ankam, wusste ich nicht, was mich erwartete, und noch mehr traf das auf Korea zu. Aber seit ich dort war, kann ich sagen: Beides sind definitiv Länder, in die ich unbedingt noch einmal reisen will. Denn das Essen hat mich gecatcht.

Japan

Ich hatte einen Flug nach Tokio gebucht, von dort wollte ich mit der Bahn weiterfahren. Mein erstes Ziel hieß Ashiya, das zwischen Osaka und Kobe liegt. Dort hatte ich ein Praktikum ergattert, bei einem Koch, den ich im »Mandarin Oriental« in Bangkok kennengelernt hatte. Was ich nicht wusste: Das Hotel, das ich gebucht hatte, war ein Stundenhotel. Zum Glück hat man davon dann aber nichts mitbekommen. Die einzigen »Indizien« waren ein Riesenwhirlpool im Zimmer und die eingeschweißten Tangas in der »Minibar«, worüber ich dann doch lachen musste.

Als ich am ersten Tag in die Küche kam, war ich unsicher – zum einen, weil Japan in Sachen Kochen einfach noch mal eine ganz andere Liga ist, zum anderen, weil die Jungs, die dort gearbeitet haben, überhaupt kein Englisch sprachen. Ich war dankbar, dass der Chef selbst da war und mir Sachen gezeigt und erklärt hat. Schon morgens um halb elf durfte ich mit ihm den besten rohen Thunfisch probieren. Und am Abend servierte er mir sein komplettes Menü. Es war meisterhaft!

Allein die handwerklichen Fähigkeiten dieses Küchenchefs waren unglaublich. Aus einem Rettich oder einem Ingwer hat er zum Beispiel mit einem Riesenmesser in einem Stück ein so zartes Band geschnitten, dass man fast durchschauen konnte. Ich kann ja auch gut mit dem Messer umgehen, aber das war echt noch mal eine andere Klasse. Oder die Blüten: Ich steche die ja aus Gemüse, aber er hat die prachtvollsten Kunstwerke geschnitzt. Da war es zumindest ein kleiner Trost, dass ich beim Dessert schönere Nocken aus seinem zart schmelzenden Kokoseis stechen konnte.

Als mein Praktikum nach drei Tagen vorbei war, bin ich nach Osaka gefahren, um traditionelles Okonomiyaki zu essen. Ich habe mir dieses dicke Omelett aus Spitzkohl, Eiern und Dashi total lecker vorgestellt – und genau das war es auch. Allerdings konnte ich gerade ein Viertel davon essen, so mächtig war es. Und das, obwohl ich davor

Die Japaner sind wahre Meister in der Schnitzkunst von Gemüse, Obst und Fisch. Ich konnte ihnen aber im Gegenzug zeigen, wie man mit einem Löffel schöne Nocken aus Eis sticht.

stundenlang durch die Stadt gelaufen und die vielen herrlichen Bauwerke, malerischen Gärten und lebhaften, bunten Straßen besichtigt hatte.

Überhaupt habe ich in Osaka vor allem gefuttert. Ob kleine aufgespießte Oktopusse, Muscheln, eine Art japanischer Kimchi oder Mochi: Ich habe alles probiert, was mir in die Finger kam, und mich gefühlt wie im siebten Himmel. Alles war superfrisch und von bester Qualität. Selbst der Salat, den ich mir an einem Abend noch schnell in einem Fast-Food-Laden geholt habe, war von der Produktqualität her besser als in vielen Restaurants bei uns. Was mir zu einem Glück noch fehlte, war eigentlich nur schöneres Wetter. Aber auch in Kyoto, der alten Kaiserstadt, wo ich noch einen Tag verbrachte, blieb es grau und regnerisch. Das sollte sich erst in Hiroshima ändern, wo der nächste Job auf mich wartete.

Diesen Job hatte mir ein Japaner vermittelt, den ich auf einer Messe mit Gategroup kennengelernt hatte und der selbst in Korea arbeitete. Das Restaurant hatte zwei Sterne und neben dem Chef gab es dort nur noch zwei ältere Köche. Keiner von ihnen sprach Englisch, aber das war diesmal egal, denn die drei waren einfach die nettesten und liebenswürdigsten Menschen, die ich mir vorstellen konnte. Sie haben so viel für mich vorbereitet, mir so viel gezeigt und alles Mögliche erklärt, das war echt wunderbar. Jeden Tag wurde mit einer Hingabe das Mise en place gemacht, obwohl immer nur ganz wenige Gäste gekommen sind.

In den Mittagspausen ist der Chef mit mir einkaufen gegangen und hat mir auch dort vom Messer- bis zum Fischhändler alles gezeigt und erklärt. An einem Abend durfte ich mich zu Gästen an den Tisch setzen, für die eine Teeverkostung veranstaltet wurde. Das war eine richtige Zeremonie mit Tee, von dem das Kilo 800 Euro kostete. Diese ganzen »Highclassprodukte« in absoluter Spitzenqualität sind wirklich ganz typisch für Japan. In manchen Supermärkten stehen Sakeflaschen für 1000 Euro.

Von Hiroshima ging es zurück nach Tokio, wo ich einen Tag lang im »Inua«, dem »Schwesterrestaurant« des »Noma«, mitarbeiten durfte. Normalerweise muss man dafür schon Monate vorher anfragen. Aber weil ich jemanden kannte und der Chef, Thomas Frebel, ein Deutscher war, ließ man mich kurzfristig »reinschnuppern«. Die Küche war natürlich super, im »Noma-Style«, aber mit japanischen Produkten. Es war ein Erlebnis zu sehen, mit welcher hingebungsvollen Leidenschaft und Präzision sie dort gearbeitet und neue Sachen entwickelt haben. Nur die typische lustige Atmosphäre in der Küche, die ich so liebe, hat mir ein wenig gefehlt.

Ich wäre so gerne noch länger in Japan geblieben, um noch viel mehr zu sehen und zu probieren. Allein die Schnitttechnik war eine Reise wert. Fisch soll sein Eigenaroma nicht verlieren, sagen sie dort zum Beispiel. Aber man kann ja zum Beispiel von rohem Tintenfisch nicht einfach ein Stück essen, das ist viel zu zäh. Meine drei Köche in Hiroshima haben ihn daher erst in drei mal drei Zentimeter große Stücke geschnitten und diese danach zunächst von der einen Seite, dann in die andere Richtung von der anderen Seite so oft eingeschnitten, bis sie am Ende ein ziehharmonikaartiges Etwas in den Händen hielten. Und siehe da: Plötzlich war der Fisch im Mund superzart und cremig.

Leider ist Japan jedoch wahnsinnig teuer, daher zog ich weiter nach Korea. Quasi als Trost habe ich es an meinem letzten Tag in Tokio noch einmal richtig krachen lassen, mich ins Gewimmel gestürzt und bin am Ende auf einem »Oktoberfest« gelandet, wo es neben deutschem Bier, Speck, Leberkäsesemmeln und Würstchen auch Muscheln mit Fritten gab. Ich musste lachen, wie international die deutsche Küche sein kann.

Südkorea

Gleich nach meiner Landung in Seoul schaute ich bei dem Freund vorbei, der mir das Praktikum in Japan vermittelt hatte und hier beim Airlinecatering arbeitete. So eine Riesenküche habe ich vorher noch nie gesehen. Sie passte perfekt in diese Megacity!

Korea, genau genommen Kimchi, das koreanische Nationalgericht, war ja ursprünglich der Anlass für meine Weltreise. Ich wollte unbedingt einmal das Original probieren und am liebsten wäre ich zu der berühmten kochenden Nonne, Jeong Kwan, gefahren, um mich in die Geheimnisse der koreanischen Küche einweihen zu lassen. Weil das aber nicht geklappt und ich auch keinen anderen Job hatte, konnte ich die fünf Tage einfach zum Sightseeing und Bummeln nutzen – und natürlich zum Essen. Herrlich! Schon am ersten Tag hat mir der Rezeptionist in meinem Hotel eine Suppenküche empfohlen. Er hat mich sogar persönlich hingebracht, mir die Speisekarte übersetzt und, was ich supernett fand, auch gleich noch für mich bestellt. Was auf den Tisch kam, übertraf alle meine Erwartungen. In einer herrlichen Brühe schwamm ein ganz kleines mit Reis gefülltes Hühnchen. Dazu wurden bestimmt zehn Schälchen mit verschiedenen Kimchi, Radieschen und anderem eingelegten Gemüse serviert. Ich war überglücklich und es war seit Langem das erste Mal, dass ich meinen Teller wirklich komplett leer gegessen und immer weitergelöffelt habe, obwohl ich eigentlich schon längst pappsatt war.

Überhaupt war Korea ganz anders als die asiatischen Länder, die ich davor besucht hatte. Alles war so gerade, wie am Reißbrett entworfen. Es hat mich fast ein bisschen an Manhatten erinnert. Google funktionierte zwar auch hier wieder nicht richtig und man hat auf dem Stadtplan nur das Ziel gesehen, aber nicht den Weg dorthin. Doch weil es immer geradeaus, nach rechts oder links ging, bin ich auch so überall gut angekommen. Es war auch nicht so ein Verkehrschaos wie sonst überall und obwohl es viele mehrspurige Straßen gab, waren verhältnismäßig wenig Autos und Mopeds unterwegs. In meinen Augen wirkte die Stadt dadurch nur noch riesiger.

Sogar der Kleidungsstil unterscheidet sich deutlich vom restlichen Asien. Die Frauen tragen Kostüme, die Männer Anzüge, alle waren richtig schick, edel und sehr gepflegt.

Nach einer dreistündigen Busrundfahrt durch die Stadt, bei der vom Olympiastadion über die großen Paläste bis zum Amtssitz des Präsidenten alle Sehenswürdigkeiten abgeklappert wurden, machte ich mich wie immer zu Fuß auf Entdeckungstour. Ich kam an unzähligen Lokalen vorbei und entschied mich letztlich für ein Grillrestaurant. In den Tischen waren Heizplatten eingelassen, auf denen Rind und Schwein direkt vor den Augen des Gastes gebraten wurden. Aber davor gab es auch hier erst mal viele verschiedene kleine Snacks im Kimchistyle. Mit dem Reis dazu habe ich mich gar nicht lange aufgehalten, auch wenn er echt lecker war. Er heißt Rhee Chun, ist ein Mittelding aus normalem, Klebe- und Sushireis und für mich definitiv der beste Reis der Welt. Wie gerne hätte ich Gesellschaft gehabt, denn diese Art zu essen ist superkommunikativ und macht mit Freunden einfach viel mehr Spaß.

An einem anderen Tag habe ich mich einfach in ein Lokal gesetzt, in dem viele Einheimische saßen. Das Essen dort war auch deshalb so ungewöhnlich, weil es nicht nur lauwarm war wie sonst in Asien meistens, sondern richtig heiß direkt aus dem Ofen auf den Tisch kam. In einer Schale brutzelten Oktopus und Kimchi in einer goldenen klebrigen Chilisauce. Einfach unbeschreiblich! Weil ich nur nach den Bildern auf der Karte bestellen konnte, kam es ab und zu aber auch zu Überraschungen. Einmal entschied ich mich zum Beispiel für eine Nudelsuppe. Tatsächlich kam ein Schälchen mit Brühe und Soba, den japanischen Buchweizennudeln. Aber Suppe und Nudeln waren nicht heiß, sondern kalt. Das hat dann wieder sehr fremd geschmeckt.

Trotzdem war das alles in allem essensmäßig genau meine Welt. Viel Gemüse, unterschiedlich angemacht, schön präsentiert, in kleinen Schälchen, die wiederum auf einem Tablett oder einer Schieferplatte angerichtet waren, mit Salz, Chilisauce und Wasabi, damit man sein Fleisch selbst würzen konnte. Und alles richtig schön scharf, so wie ich es gerne mag. Manchmal sogar so scharf, dass ich dachte, mir fliegt der Kopf weg. Ich würde wirklich sofort meine Tasche packen, wenn mir jemand ein Praktikum in Korea anbietet. Also Leute: Ruft mich an!

NASU DENGAKU
Aubergine & Miso

GLASIERTE AUBERGINENSCHEIBEN

1 Aubergine | Öl zum Braten | 50 g Miso | 30 ml Mirin (Reiswein) | 2 EL brauner Zucker | 1 EL Honig | 1 EL Sojasauce | 1 EL Sake | 1 daumendickes Stück Ingwer | ½–1 rote Chilischote | 1–2 EL weißer Sesam

1. Den Backofen auf 180° (Umluft) vorheizen. Die Auberginen in Scheiben schneiden und vorsichtig kreuzweise einschneiden. Großzügig Öl in einer Pfanne erhitzen und die Auberginenscheiben darin von jeder Seite ca. 5 Min. goldbraun braten.
2. Für die Glasur in einer Schüssel Miso, Mirin, Zucker, Honig, Sojasauce und Sake vermengen. Ingwer dazureiben. Die Chili fein hacken und ebenfalls zugeben. Die Paste großzügig auf den Auberginen verteilen.
3. Den Ofengrill anschalten und die bestrichenen Auberginen 3-4 Min. gratinieren, bis die Oberfläche blubbert und der Zucker karamellisiert. Aus dem Ofen nehmen und mit etwas Sesam bestreuen.

AUBERGINENTATAR

2 Auberginen | Sesamöl | Salz | Pfeffer | Zitronensaft

Den Backofen auf 170° (Umluft) vorheizen und die Auberginen im Ofen mind. 20 Min. sehr weich backen. Abkühlen lassen, die Auberginen halbieren und das weiche Fruchfleisch aus der Haut lösen. Fein hacken und mit Sesamöl, Salz, Pfeffer und Zitronensaft abschmecken.

Bitte weiterlesen →

EINGELEGTES GEMÜSE

50 ml Reisessig | 30 g Zucker | 20 g Ingwer (gehackt) | Salz | 15 ml Sojasauce | 10 ml dunkles Sesamöl | 1 Schwarzwurzel | Zitronensaft | 3 asiatische Stangenknoblauch

Für das Dressing Reisessig, Zucker und gehackten Ingwer verrühren, bis sich der Zucker aufgelöst hat. Sojasauce und Sesamöl unterrühren, salzen. Die Schwarzwurzel schälen und sofort in Zitronenwasser einlegen, damit sie nicht anläuft. Wasser aufsetzen, Schwarzwurzel und Stangenknoblauch in feine Scheiben schneiden und kurz blanchieren. In einem Vakuumbeutel mit dem Dressing vakuumieren oder in ein Weckglas füllen und ca. ½ Tag marinieren.

DASHIFOND

400 ml Gemüsebrühe | 50g Kombualgen | 30 g Katsobushi (Bonitoflocken) | Salz (nach Belieben)

Für das »japanische Heiligtum« die Gemüsebrühe erhitzen und die Kombualgen ca. 30 Min. darin köcheln lassen. Die Bonitoflocken in den Topf geben und 15 Min. auf kleiner Flamme ziehen lassen. Duch ein Sieb abgießen und evtl. mit etwas Salz abschmecken. (Alternativ können Sie auch fertigen Dashifond verwenden.)

INGWERGEL

100 g Ingwer | 750 ml Apfelsaft | 7,5 g g Gelan oder Agar-Agar

Den Ingwer reiben, mit dem Apfelsaft aufkochen und 10 Min. ziehen lassen. Dann abseihen und erkalten lassen. Das Gelan bzw. Agar-Agar darin einweichen. Die Flüssigkeit erneut aufkochen, dann auf ein Blech geben, abkühlen lassen und kalt stellen. Das Gelee vor dem Anrichten in Würfel schneiden und im Mixer fein pürieren.

ANRICHTEN

Zusätzlich: Sesam | japanische Mayonnaise | Yuzukaviar | Fingerlime | Frühlingszwiebeln

Auberginentatar auf die Auberginenscheiben setzen und mit Sesam bestreuen. Mit dem eingelegten Gemüse anrichten. Ingwergel und Mayonnaise auftupfen. Mit Yuzukaviar, Fingerlime und Frühlingszwiebelringen garnieren. Unmittelbar vor dem Servieren den Dashifond angießen.

Für das ursprüngliche Nasu Dengaku wird die Aubergine einfach halbiert, kreuzweise eingeschnitten und in großzügig Öl in einer Pfanne von beiden Seiten je 5 Min. goldbraun gebraten, ehe sie bei 180° (Umluft) weitere 5 Min. in den Ofen kommt. Dann wird die Schnittfläche glasiert und die Aubergine wird nochmals 3-4 Min. unter dem Backofengrill gratiniert, bis die Oberfläche blubbert und der Zucker karamellisiert. Vor dem Servieren wird die Aubergine noch mit etwas Sesam bestreut.

OKONOMIYAKI

Spitzkohl & Speck

Für 2 Stück

100 g Mehl | ½ TL Backpulver | 2 Eier | 2 EL Sonnenblumenöl | 150 ml Gemüsebrühe oder Dashifond | Salz | 200 g Weiß- oder Spitzkohl | 100 g Bacon | 5 Frühlingszwiebeln | 6 EL Okonomiyaki-Sauce | japanische Mayonnaise | Katsobushi (Bonitoflocken)

1. Aus Mehl, Backpulver, Eiern, Sonnenblumenöl und Gemüsebrühe bzw. Dashifond sowie einer Prise Salz einen flüssigen Teig anrühren. Kurz quellen lassen. Währenddessen den Weiß- bzw. Spitzkohl in feine Streifen hobeln. Den Bacon in Streifen, Frühlingszwiebeln in feine Ringe schneiden.
2. Die Hälfte der Speckstreifen in einer kalten Pfanne auslassen, damit das Fett langsam austritt. Die Hälfte des Spitzkohls und ¼ der Frühlingszwiebeln in die Pfanne geben und kurz anschwitzen. Dann die Hälfte des Teigs darübergießen. Bei mittlerer Hitze langsam fluffig garen, dabei nach 3–5 Min. vorsichtig wenden.
3. Das »Omelett« mit 3 EL Okonomiyaki-Sauce und japanischer Mayonnaise garnieren und mit einem weiteren Viertel der fein geschnittenen Frühlingszwiebeln und Bonitoflocken dekorieren. Das zweite Okonomiyaki ebenso zubereiten.

OKONOMIYAKI »SEXY« Onsen-Ei & Dashi

ONSEN-EI

4 Eier

Die Eier im Dampfgarer 1,5 Std. bei 65° garen. Alternativ können Sie die Eier auch pochieren.

SPITZKOHLSALAT MIT SESAMMAYONNAISE

1 Schalotte | 50 g Ingwer | 30 ml Sesamöl | 1 EL Zucker | 3 EL weißer Sesam | 1 Ei | 30 ml Reisessig | 50 ml Traubenkernöl | etwas Dashifond (nach Bedarf) | ½ Spitzkohl

1. Die Schalotte klein würfeln. Den Ingwer schälen und mit einem schweren Messer andrücken. Das Sesamöl in einer Pfanne erhitzen und Schalotte und Ingwer darin anschwitzen. Mit Zucker leicht karamellisieren. Beiseitestellen.
2. Sesam ohne Fett in einer Pfanne anrösten. Schalotten, Ingwer und Sesam in einem Mixbecher mit einem Pürierstab mit dem Ei verquirlen. Mit Reisessig abschmecken, dann das Traubenkernöl in einem dünnen Strahl untermixen. Die Mayonnaise evtl. mit etwas Dashifond verlängern.
3. Den Spitzkohl in sehr feine Streifen schneiden oder hobeln und mit der Mayonnaise vermengen.

CHOI SUM

1 EL dunkle Misopaste | 1 EL Sojasauce | 1 EL Zucker | 1 EL Sake | 4 Choi Sum | 1 TL Sesamöl

Misopaste, Sojasauce, Zucker, Sake und Wasser zu einem flüssigen Sud verrühren. Die Blätter vom Choi Sum zupfen und halbieren. Den Strunk schräg schneiden. Den Strunk ca. 3 Min. anbraten. Die Blätter dazu geben, noch kurz mitbraten, dann Sesamöl einschwenken und mit dem Sud löschen.

Bitte weiterlesen →

SPECKHOLLANDAISE UND AUSGELASSENE SPECKWÜRFEL

200 g Speckwürfel (Bacon) | 200 g Butter | ½ Schalotte | 50 ml Weißwein | 50 ml Mirin (Reiswein) | 1 Sternanis | 2 Nelken | 3 Eigelbe

Die Speckwürfel in der Butter knusprig auslassen, anschließend herausheben und auf Küchenpapier abtropfen lassen (die Butter aufbewahren). Die Schalotte fein schneiden. Mit Weißwein, Mirin und 50 ml Wasser, Sternanis und Nelken aufkochen und auf ca. 100 ml einreduzieren, dann abseihen. Die Eigelbe mit der Reduktion über dem heißen Wasserbad cremig aufschlagen. Zum Schluss die Speckbutter in einem dünnen Strahl einrühren. Die fertige Hollandaise in einen Sahnesyphon füllen und 1 CO_2-Kapseln hinzufügen. Kalt stellen.

SPITZKOHLSUD

Grüne Spitzkohlblätter | Salz | Guarzoon oder Xanthan

Äußere, grüne Spitzkohlblätter ablösen, mit einem Schuss Wasser entsaften und anschließend durch ein Tuch passieren. Mit einer Prise Salz leicht erwärmen. Mit Guarzoon bzw. Xanthan abbinden.

ANRICHTEN

Zusätzlich: Frühlingszwiebeln | Katsuobushi (Bonitoflocken)

Die Onsen-Eier vorsichtig pellen und auf ein Bett aus Choi Sum legen. Spitzkohlsalat darübergeben. Spitzkohlsud angießen, mit Speckhollandaise beträufeln und die Speckwürfel, Frühlingszwiebelringe und Katsuobushi aufstreuen.

Auch im Land der aufgehenden Sonne prallen Tradition und Moderne an jeder Straßenecke aufeinander. Aber genau dieser Mix macht auch den Charme aus. Und die japanische Küche ist einfach eine Klasse für sich.

KIMCHISUPPE
Tofu & Schweinebauch

2 Frühlingszwiebeln | 1 Soloknoblauch | 100 g kleine Pilze (Enoki oder Shimanji) | 200 g frischer Schweinebauch oder 200 g frische Calamarituben (küchenfertig) | 3 EL Sesamöl | 400 g fertiger Kimchi (Rezept siehe Seite 124) | 400 ml Gemüsebrühe | 100 ml Kimchisaft | 1 EL Gochugaru (koreanische Chiliflocken; ersatzweise 1 EL Gochujang-Paste) | 200 g Seidentofu | Sojasauce | Zucker

1. Die Frühlingszwiebeln in feine Ringe, den Knoblauch in feine Scheiben schneiden. Die Pilze putzen. Den Schweinebauch würfeln. Alternativ die Calamarituben gleichmäßig einritzen.
2. In einem Topf das Sesamöl erhitzen. Für die Version mit Fleisch den Schweinebauch darin rundum anbraten, dann erst den Kimchi zugeben. Wenn Sie die Version mit Calamari ausprobieren wollen, den Tintenfisch und das Kimchi gleichzeitig ins Öl geben.
3. Nach ca. 3 Min. mit der Brühe ablöschen, den Knoblauch dazugeben und mit Kimchisaft und Gochugaru bzw. Gochujang-Paste abschmecken. 10 Min. weiterköcheln, dann die Frühlingszwiebeln, Pilze und den Seidentofu zugeben. Mit einem Spritzer Sojasauce und einer Prise Zucker abschmecken. Dazu schmeckt Reis – in Korea isst man Rundkornreis (Rhee Chun) – und eingelegtes Gemüse. Sie können zum Beispiel dünn geschnittenen Rettich wie das Gemüse auf Seite 112 marinieren.

TIPP

Probieren Sie das Kimchi einmal mit Pak Choi statt Chinakohl.

KOREANISCHE ENTE
Kimchi & Barbecuesauce

ENTENBRUST

4 Challans-Entenbrüste | Salz | Pfeffer | 1 TL brauner Zucker

Die Entenbrüste auf der Hautseite ganz fein einschneiden. In einem Vakuumbeutel vakuumieren und bei 56° im Wasserbad 60 Min. garen. Das Fleisch aus dem Beutel nehmen, kräftig mit Salz und Pfeffer würzen und auf der Hautseite in eine kalte, beschichtete Pfanne legen. Bei kleiner Temperatur das Fett aus der Haut braten, damit diese schön knusprig wird. Die Brüste umdrehen, mit etwas braunem Zucker bestäuben und im Backofengrill ganz kurz anknuspern lassen. Das Fleisch herausnehmen, 2 Min. ruhen lassen, aufschneiden und servieren.

BARBECUESAUCE

2 Zwiebeln | 2 Soloknoblauch | 1 Chilischote | 1 rote Paprika | 1 Apfel | 50 g geräucherter Speck (in Würfeln) | 100 g Tomatenmark | 3 EL brauner Zucker | 3 EL Honig | 200 g gehackte Tomaten (aus der Dose) | 300 ml Entenfond | 300 ml Cola | 100 ml Apfelessig | 4 EL Worcestersauce | 4 EL Sojasauce | 1 Lorbeerblatt | ½ TL gemahlener Kreuzkümmel | Pfeffer | Paprikapulver (oder geräuchertes Paprikapulver) | Salz

1. Zwiebeln, Knoblauch und Chili fein hacken. Paprika und Apfel in kleine Würfel schneiden.
2. Den Speck in einen kalten Topf geben und langsam auslassen, damit das Fett austritt. Zwiebeln, Knoblauch, Chili, Paprika und Apfel darin anschwitzen. Tomatenmark, Zucker und Honig kurz mit anschwitzen und die Mischung dann mit Dosentomaten und Entenfond ablöschen.
3. Cola, Apfelessig, Worcester- und Sojasauce, Lorbeer, Kreuzkümmel sowie je eine Prise Pfeffer und Paprikapulver zugeben und die Sauce ca. 30 Min. köcheln lassen. Noch einmal kräftig mit Salz abschmecken.
4. Die Barbecuesauce erst mixen, dann zusätzlich noch durch ein feines Sieb passieren. Evtl. noch etwas reduzieren, die Konsistenz sollte wie ein flüssiger Ketchup sein.

TIPP

Der Rest der Barbecuesauce hält sich eingeweckt im Kühlschrank. Man kann sie aber auch einfach einfrieren.

Bitte weiterlesen →

VORBEREITEN

KIMCHI MIT KÜRBIS

1 Chinakohl (ca. 800 g) | 100 g Salz | 1 kleiner Butternut-Kürbis | 2 Frühlingszwiebeln | 1 Soloknoblauch | 60 g Ingwer | 2 EL Gochugaru (koreanische Chiliflocken | 4 EL Fischsauce | 1 El getrocknete Shrimps | 2 EL Zucker | 2 EL Klebreismehl

1. Den Chinakohl längs halbieren. Das Salz großzügig zwischen die Blätter streuen bzw. diese leicht damit einreiben. Dann den Kohl 2 Std. in einer Schüssel zur Seite stellen.
2. Den Kürbis halbieren, die Schale wegschneiden und das faserige Innere herauslösen. Das Fruchtfleisch in feine Stifte schneiden und beiseitestellen. Sie werden später mit dem Chinakohl eingelegt.
3. Die Frühlingszwiebeln längs vierteln und dann in 3 cm lange Stücke schneiden. Knoblauch und Ingwer fein hacken. Alles in einer Schüssel mit den Chiliflocken, der Fischsauce, den getrockneten Shrimps und dem Zucker gründlich vermischen, dabei immer wieder fest mit der Hand zerdrücken (am besten Küchenhandschuhe anziehen), damit es möglichst weich wird. Zum Schluss sollte eine dunkelrote Masse entstehen, deren einzelne Bestandteile nicht mehr klar zu erkennen sind. Klebreismehl in ca. 50 ml Wasser auflösen und zu zäher Kleie aufkochen. Die Reiskleie unter die Chilipaste mischen.
4. Nach 2 Std. den Chinakohl gründlich waschen und 30 Min. an der Luft trocknen lassen. Danach den Kohl und die Kürbisstifte mit der Chilipaste mischen und in einem Vakuumbeutel vakuumieren. An einen warmen Ort legen und warten, bis sich die Tüte aufbläht. Wenn der Druck sich legt, das dauert ca. 6 Tage, ist der Kimchi fertig.

INFO

Es lohnt sich, gleich mehr Kimchi herzustellen, denn er hält sich in Tupperdosen oder Einweckgläser abgefüllt mehrere Monate lang im Kühlschrank.

SALAT MIT PASSIONSFRUCHTDRESSING

⅓ Kopf Frisée | 1 Apfel (Granny Smith) | 100 g Erbsensprossen | 50 ml Passionsfruchtessig | Salz | Pfeffer | 20–30 ml Traubenkernöl | 1 Passionsfrucht

1. Den Friséesalat waschen, trocken schleudern und in mundgerechte Stücke zupfen. Den Apfel schneiden. Die Erbsensprossen abbrausen und abtropfen lassen.
2. Passionsfruchtessig salzen und pfeffern. Das Traubenkernöl unterrühren. Passionsfrucht halbieren und die Kerne zugeben und den Salat mit dem Dressing marinieren.

KÜRBISPÜREE

1 Butternut-Kürbis | 1 EL Kokosöl | 30 g Butter | 50 g Mehl | 100 ml Kokosmilch | geräuchertes Paprikapulver oder 1 TL Gochugaru (koreanische Chiliflocken)

1. Den Backofen auf 170° (Umluft) vorheizen. Den Kürbis halbieren und die Kerne sowie das faserige Innere entfernen. Eine Auflaufform mit Kokosöl fetten, den Kürbis hineinlegen, mit Backpapier abdecken und im Ofen ca. 45 Min. backen, bis das Fleisch weich ist.
2. Während der Kürbis im Ofen ist, die Mehlschwitze herstellen. Durch sie bekommt das Püree später eine schönere Bindung. Dazu in einem Topf die Butter schmelzen, das Mehl einrühren, dann die Kokosmilch dazugießen. Dabei immer kräftig weiterrühren.
3. Kürbis nach dem Backen kurz abkühlen lassen, dann das Fruchtfleisch aus der Schale löffeln und mit der Mehlschwitze und Pprikapulver bzw. Gochugaru mixen. Durch ein feines Sieb streichen und in einen Spritzbeutel abfüllen.

EINGELEGTE MÖHREN IN PASSIONSFRUCHTFOND

1 dicke gelbe oder orange Möhre | 150 ml Passionsfruchtsaft | 40 ml Fischsauce | 3 Kaffirlimettenblätter | 1 Stange Zitronengras | 1 rote Chilischote | Salz

Die Möhre schälen, in Scheiben schneiden und mit einem Plätzchenausstecher Formen ausstechen. Die restlichen Zutaten zusammen aufkochen und mind. 10 Min. ziehen lassen – je länger, desto besser. Die ausgestochenen Möhren zugeben, im Sud aufkochen und anschließend darin erkalten lassen.

ANRICHTEN

Alle Komponenten auf einem Teller anrichten.

Seoul ist eine aufregende, pulsierende Stadt, in der ich mich sehr wohlgefühlt habe – auch weil man sich dort trotz ihrer Größe sehr gut zurechtfindet.

Südkorea war für mich auf jeden Fall eine Entdeckung und kulinarisch sogar das persönliche Highlight meiner Reise. Ich liebe ja Gemüse und hier wurde ihm endlich der Rang eingeräumt, der ihm zusteht.

Asiens Süden

Malediven, Indien, Sri Lanka

Meine Reise brachte mich fast ans andere Ende der Welt mit vielen bis dahin unbekannten Gewürzen und Aromen und den paradisieschen Landschaften auf den Inselstaaten im Südpazifik. Am Ende wurde ich sogar ausgebildete Teesommelière.

(FAST) AM ENDE DER WELT
Paradisiesche Zustände

Natürlich wollte ich auch das größte Land Asiens kennenlernen, Indien, und das südlich davon liegende Sri Lanka . Doch zuerst war ich als Gastköchin ins Paradies eingeladen worden: die Malediven.

Malediven

Ich war zwar zum Arbeiten auf die Inselgruppe im Indischen Ozean gekommen, wurde dort aber selbst wie ein freudig erwarteter Gast empfangen. Küchenchef Sven, ein Kochkollege, mit dem ich schon einmal bei der Deutschen Meisterschaft war und den es von Berlin erst nach Dubai und von dort weiter auf die Malediven verschlagen hatte, wartete bereits mit einem Abendessen am Strand auf mich, zusammen mit seiner Frau und der Hoteldirektorin.

Man hatte mir einen Bungalow mit Meerblick reserviert. Ich wurde morgens von der Sonne geweckt und das Erste, was ich sah, wenn ich die Augen aufschlug, war dieses unglaublich klare Wasser. Ich habe mich gefühlt wie im Paradies.

Die Insel war winzig. Wenn man einmal um sie herumlief, hatte man nur etwas mehr als einen Kilometer zurückgelegt. Das Hotel war für rund 100 Gäste ausgelegt und alles war sehr familiär. Ich hatte in der Zeit dort Geburtstag und wirklich jeder, dem ich an dem Tag begegnete, vom Gärtner bis zur Hausdame, hat mir gratuliert. Ich fühlte mich mehr als willkommen.

In der Küche hatte man mir einen russischen Koch zur Seite gestellt, Ivan. Und Sven hat auch ab und zu mitgeholfen. Das konnte ich gut brauchen, schließlich sollte ich ein Fünf-Gänge-Dinner für 40 Gäste vorbereiten. Dazu kam noch einen Management Cocktail mit drei kleinen Gerichten, die an Fingerfoodstationen im Küchenpartystyle aufgebaut werden sollten. Am Dinnerabend haben die Kollegen dann am Strand Lichterketten gespannt, einen riesigen Michelinstern gebuddelt und mit bunten Tüchern ausgelegt und zum »Chefdinner with Chef Julia« geladen. Darüber habe ich mich wahnsinnig gefreut.

Obwohl ich selbst kochen musste, habe ich einiges mitbekommen, weil wir alle in derselben Küche gearbeitet haben. Zum Beispiel, wie die Currys gewürzt wurden oder

Die Malediven sind auch ein Paradies für alle Liebhaber von Meeresfrüchten, so wie mich. Zwei bis dreimal die Woche legen Fischerboote an und verkaufen ihre frische Ware an die Hotelküchen.

dass die Cashewkerne vor dem Kochen eingeweicht wurden, damit sie später softer waren. Am besten gefallen hat mir ein Tunfischtatar, das mit frischer fein gehobelter Kokosnuss zubereitet wurde, wodurch es schön cremig gemacht war. Ansonsten ist die Küche eher spicy und stark von Indien und Sri Lanka beeinflusst, wie ich mich im weiteren Verlauf meiner Reise noch vor Ort überzeugen konnte …

Indien

Bei einem Zwischenstopp für ein Foodfestival auf Madeira lernte ich einen Inder kennen, der den Kontakt zu einer der wenigen erfolgreichen Köchinnen in seinem Land vermittelte – und dank ihrer Connections wurde ich in fünf verschiedenen Hotels in ebenso vielen Städten als Gastköchin eingeladen.

Zunächst war geplant, dass ich in jedem Hotel ein Drei-Gänge-Menü serviere. Aus den drei Gängen wurden dann aber schnell vier, später sogar sechs und dazu kamen auch noch vegetarische Alternativen. Das bedeutete, dass ich jedes Mal zwei Tage mit Mise en place beschäftigt war und außer den Küchen vor Ort nicht viel zu sehen bekam. Die durchwegs großartigen Küchenteams haben sich quais als Entschädigung dafür aber richtig ins Zeug gelegt, um mir so viele ihrer Spezialitäten wie möglich zu präsentieren. Ich glaube, ich habe noch nie so viel gegessen wie in diesen Wochen.

Meine Reise startete im Osten, genauer gesagt in Chennai, der Hauptstadt des Bundesstaates Tamil Nadu. Man hatte das ganze Hotel mit Fotos von mir geschmückt und in meiner Suite eine Gewürzbar, eine Candybar und eine Welcomebar für mich aufgebaut. Und als ich abends zum Essen ging, legte man mir erst einmal eine Blumenkette aus Jasmin um den Hals. Dann wurden immer mehr Teller aufgetragen: dicke und dünne Currys mit Kichererbsen, eine Art Falafel, Joghurtcreme mit Rosenwasser … Sobald ein Schälchen leer war, kam das nächste. Und dazu gab es dieses unglaublich leckere Butter-Naan. Zum Schluss überraschte mich ein herrliches Dessert aus dickem Joghurt mit Granatapfel, Granatapfelsirup und Minze, über das ein süßsäuerliches Pulver gestreut wurde. Göttlich!

Zwischendurch wurden salzige mit Chutney oder süße mit Obst gefüllte Betelblätter gereicht, die den Gaumen erfrischen sollten. Und am Schluss kamen Schälchen mit Fenchelsamen, Nelken, Sternanis und Rosenblättern auf den Tisch, die man zerkauen sollte, weil sie den Atem erfrischen.

Bei einem kleinen Curry-Kochkurs, den man am nächsten Tag für mich veranstaltete, war das Highlight ein Bananenblütencurry, das in einer Hülle aus Kichererbsenmehl versteckt war und mich daher ein wenig an türkische Icli Köfte erinnert hat. Es hat fantastisch geschmeckt!
Morgens wollte ich eigentlich gleich in die Küche, wurde aber erst einmal zum Lunch »entführt«. Diesmal gab es südindisch: Mango- und Knoblauchpickles, Chicken Tandoori, Butterchicken, geschmortes Lamm, verschiedene Brote ... An Arbeit war erst mal nicht zu denken.

Von Chennai ging es nach drei Tagen einmal quer durch Indien an die Westküste nach Mumbai, wo ich wieder fürstlich empfangen wurde. In meinem Zimmer stand ein Bäumchen, das über und über mit Macarons und Fotos von mir behängt war. Wunderschön. Was ich ebenfalls nie vergessen werde: Weil mein Menü indisch inspiriert war, hatte ich dem Küchenchef einen Teller – Kingfisch mit Blumenkohl, Lychee, Paprika und selbst gemachter Tandoorisauce – beiseitegestellt. Es hat ihm so gut geschmeckt, dass er am Ende kurzerhand den Teller abgeleckt hat. Eine Ehre!

Die nächste Station war Kalkutta und der Manager dort war witzigerweise ein guter Freund von Sricharan, dem Koch des »Nadodi«, wo ich in Malaysia ein Praktikum gemacht hatte. Die Küche war Highclass und das Team, mehr Mädchen als Jungs, einfach nur super. Alle waren bestens vorbereitet und wenn irgendetwas fehlte, wurde es sofort besorgt. Mit dieser »Rückendeckung« waren auch 60 Teller kein Problem.

Vom Nordosten reiste ich weiter in den Süden nach Bangalore. Der Küchenchef dort, Chirag, war ein Goldstück. Ihn hätte ich am liebsten direkt für mein Team in Deutschland engagiert. Er hat mich so sehr unterstützt und mir unendlich viel gezeigt.

Der Küchenstil des Südens war mein persönlicher Favorit. Die verschiedenen Currys und Pakora – Gemüse, Fisch, Garnelen und Fleisch in Kichererbsenteig frittiert –, die auf Bananenblättern serviert wurden, waren sensationell. Auch Dosas, hauchdünne Reis-Bohnen-Crêpes, die traditionell mit würziger Kartoffelcreme gefüllt sind und die man mit Koriander-, Tomaten- und Kokosnusschutney oder Minzjoghurt isst, habe ich geliebt. Nur mit den säuerlich schmeckenden Idli, gedämpfte Küchlein aus fermentiertem Bohnen und Reis, bin ich nicht richtig warm geworden.

Mein letztes Menü sollte ich in der Hauptstadt Delhi kochen – für noch mehr Gäste. Trotzdem hatte ich Zeit, in einem armenisch-indischen Restaurant zu essen. Zu einer Art Manti, gefüllte Teigtaschen, die ich bisher aus Russland kannte, gab es eher orientalisch angehauchtes Hummus, Baba Ganoush und Harissa. Genau mein Geschmack.

Nach meinem Dinner bin ich mit dem Kalkuttateam, das extra gekommen war, um mich zu verabschieden, feiern gegangen. Wie haben die ganze Nacht durchgetanzt. Im Morgengrauen habe ich an einem Straßenstand superscharfe Kartoffeln und Auberginen mit frischen Zwiebeln gegessen, dazu gab es Teigbällchen, die erst gegrillt und dann mit flüssiger Ghee beträufelt wurden. Ein gebührender Abschied von dieser wunderbaren Küche.

Auf dem Rückflug kam ich mit einem Mann ins Gespräch. Ich erzählte ihm, dass ich als Gastköchin in Indien gewesen sei – und plötzlich fragte er mich: »Bist du Julia Komp?« Wie sich herausstellte, war es Jaspreet Dhaliwal-Wilmes aus dem »4. König« in Köln, der seine Ausbildung wie ich im »Zur Tant« gemacht hatte. Während meiner Lehre dort haben sie mir immer von einem »Inder« erzählt, der »1997 aus seiner Heimat geflüchtet und ganz ein toller Azubi gewesen wäre«. Und jetzt saß ich mit ihm in einem Flieger, in derselben Reihe. Wie klein die Welt doch manchmal ist. Und wie großartig!

Sri Lanka

Mit 21 war ich das allererste Mal in Asien, um für das 60-jährige Jubiläum der deutschen Botschaft zu kochen. Mein Ziel damals: das Cinnamon Lakeside, Colombo, Sri Lanka. Ich hatte gerade erst meine Ausbildung beendet und die riesige Küche mit 200 Köchen waren für mich eine völlig neue Welt. Ich reiste mit Übergepäck für 800 Euro an, hatte den Koffer voll mit Weißwürsten, Nürnberger Rostbratwürstchen, Mettwürsten und Speck. Als wir über Katar flogen, wo Schweinefleisch ja verboten ist, fühlte ich mich wie eine Schmugglerin.

Diesmal war Sri Lanka keine Koch-, sondern eine Bildungsreise. Viele Speisen hatte ich aber ja schon auf den Malediven kennengelernt, wo vor allem die Hotelküche stark von diesem Land beeinflusst ist. Und auch die indische Küche ist, was Schärfe, Gewürze und ihren Fokus auf vegetarische Gerichte angeht, der auf Sri Lanka recht ähnlich. Aber nun ging es um etwas ganz anderes …

Ein Bekannter erzählte mir, dass er für ein Teeseminar nach Sri Lanka fliegen würde, und fragte, ob ich nicht mitkommen wolle. Ich fand die Idee super und über einen anderen Bekannten ergatterte ich tatsächlich noch einen Platz.

Es war eine wahnsinnig interessante Woche. Jeden Tag gab es Theoriekurse, Kurse im Teekochen, Kurse mit Barmixern, Exkursionen auf Teeplantagen, in Produktionsstätten und Lagerhallen. Mit am interessantesten fand ich die Foodpairing-Kurse, in denen wir probiert haben, welcher Tee zu welchem Essen schmeckt. Earl Grey mit Old Amsterdam wird mir immer in Erinnerung bleiben. Ich habe wirklich sehr viel gelernt und seitdem bin ich ausgebildete Teesommelière.

MARINIERTER THUNFISCH
Kokos & Avocado

THUNFISCH

500 g frischer Thunfisch (Sushiqualität) | 100 ml Sojasauce | Saft und abgeriebene Schale von 1 Bio-Zitrone | 20 g Zucker oder 2 EL Honig | 1 Spritzer Fischsauce

Thunfisch der Länge nach in breite Streifen schneiden. Die restlichen Zutaten vermischen, den Fisch vorsichtig unterheben und alles in einem Vakuumierbeutel vakuumieren. 1 Std. marinieren. Den Thunfisch aus der Beize nehmen und probieren, wie salzig er ist. Evtl. nochmals vakuumieren und etwas länger marinieren.

SALAT

Saft und abgeriebene Schale von 1 Bio-Zitrone | Salz | Pfeffer | 2 EL helles Sesamöl | 100 g frisch geriebene Kokosnuss (ersatzweise Kokosflocken) | 2 Tomaten | 1 Gurke | 1 rote Zwiebel | 1 rote Chilischote (nach Belieben)

Für das Dressing Zitronensaft salzen, pfeffern, dann das Sesamöl einrühren und alles mit Zitronenschale abschmecken. Kokosnuss unterheben. Tomaten und Gurke in kleine Würfel, Zwiebel in feine Streifen und nach Belieben die Chili in feine Ringe schneiden. Mit dem Dressing marinieren.

AVOCADOCREME

1 Avocado | ¼ Soloknoblauch | 100 ml Kokosmilch | Chilipulver | Salz | Saft und etwas abgeriebene Schale von 1 Bio-Limette

Die Avocado halbieren, den Kern entfernen, das Fruchtfleisch auslösen und grob zerteilen. Den Knoblauch hacken. Beides mit Kokosmilch, je einer Prise Chilipulver und Salz sowie Limettensaft und -schale im Mixer pürieren. Noch einmal abschmecken und in einen Spritzbeutel füllen.

KOKOSFOND

1 Stange Zitronengras | 1 rote Chilischote | 50 g Ingwer | 3 Kaffirlimettenblätter | 250 ml Kokosmilch | 1 EL Stärke (nach Belieben)

Zitronengras mit einem schweren Messer andrücken und dann fein schneiden. Chili und Ingwer fein hacken. Kaffirlimettenblätter klein zupfen oder schneiden. Alles mit der Koksmilch in einen Topf geben und ca. 20 Min. kochend etwas einreduzieren. Vor dem Anrichten durch ein feines Sieb passieren und mit Stärke leicht abbinden.

ANRICHTEN

Zusätzlich: Koriander | Kräuteröl (nach Belieben)

Den Thunfisch aufschneiden, mit einer Prise Fleur de Sel bestreuen und mit der Avocadocreme, dem Salat und dem Kokosfond anrichten und ein paar Korianderblätter darüberzupfen. Evtl. etwas Kräutertöl in den Fond tropfen.

CHANA DAL
Curry & Naan

NAANBROT

500 g Mehl | 80 g Grieß | 42 g Hefe | ½ TL Salz | 3 EL Ghee oder Butterschmalz

Mehl und Grieß in einer Schüssel vermengen und eine Mulde hineindrücken. Hefe in 300 ml lauwarmem Wasser auflösen, die Mischung in die Mulde gießen und Salz zugeben und alles gut verkneten. Den Teig zugedeckt an einem warmen Ort ca. 30 Min. gehen lassen, erneut durchkneten und in 10–12 Portionen teilen. Diese unter einem Küchentuch noch einmal ca. 15 Min. gehen lassen, dann zu Fladen ausrollen. Eine beschichtete Pfanne lauwarm erhitzen, etwas Ghee bzw. Butterschmalz hineingeben und die Teigfladen nacheinander von beiden Seiten anbraten.

LINSENRAGOUT

2 Schalotten | 1 Soloknoblauch | 1 rote Chilischote | 1 TL Kokosfett | 200 g Chana-Dal-Linsen | Currypulver Anapurna | 300 ml Gemüsebrühe | 300 ml Kokosmilch | Salz

Schalotten fein schneiden, Knoblauch und Chili fein hacken; im Kokosfett anschwitzen. Linsen zugeben, mit Currypulver bestäuben, kurz mit anschwitzen und dann mit Brühe und der Hälfte der Kokosmilch ablöschen. Die Linsen bei kleiner Hitze unter wiederholtem Rühren ca. 45 Min. weich garen. Dabei evtl. die restliche Kokosmilch zugeben. Es soll eine Art cremiges Linsenrisotto entstehen. Sind die Linsen nach Ablauf der Garzeit noch zu hart, mit Wasser aufgießen. Erst zum Schluss salzen.

TIPP

Dazu schmecken der Minzjoghurt von Seite 19 und Garlic Pickles aus dem indischen Supermarkt.

KINGFISH TANDOORISTYLE
Linsen & Blumenkohl

TANDOORISAUCE

2 Schalotten | 1 Soloknoblauch | 1 rote Chilischote | 1 rote Paprika | 2 Bananen | 20 g Butter | 3 Tomatenmark | 1 EL Tandoorigewürz | 6 Kardamomkapseln (angedrückt) | 2 Nelken | 2 Sternanise | 1 TL Koriandersamen | ½ Zimtstange | 400 ml Hühnerbrühe | 300 ml Kokosmilch | Salz

1. Schalotten fein schneiden, Knoblauch und Chili fein hacken. Die Paprika klein würfeln. Die Bananen in Stücke schneiden.
2. Butter schmelzen. Schalotten, Knoblauch und Chili darin farblos anschwitzen, Paprikawürfelchen und Bananen zugeben und kurz mitbraten. Tomatenmark und Gewürze zugeben und mit anschwitzen. Mit Hühnerbrühe und Kokosmilch ablöschen und alles ca. 15 Min. köcheln lassen.
3. Gut durchmixen, durch ein feines Sieb passieren und zum Abschluss kräftig salzen.

KINGFISH

¼ Fisch (1 Filet kaufen und längs halbieren; das obere Stück ist natürlich schöner, aber man kann auch mischen) | Aktivkohle | Fleur de Sel

Den Fisch quer in dünne Scheiben schneiden, jede davon mit Kohle und Salz würzen. Die Scheiben aufeinanderlegen und ganz fest in Frischhaltefolie zu einer ca. 20 cm langen Rolle wickeln. In der Folie frosten und anschließend in Scheiben schneiden. Die Folie erst kurz bevor der Fisch auf den Teller kommt entfernen. Jede Scheibe mit Fleur de Sel würzen und in die warme Tandoorisauce legen.

Bitte weiterlesen →

LINSENPÜREE

2 Schalotten | 1 Soloknoblauch | 1 rote Chilischote | 1 rote Paprika | 75 g Butter | 100 g Tomatenmark | Kreuzkümmel | Baharat | 200 g rote Linsen | 500 ml Hühnerbrühe

1. Schalotten fein schneiden, Knoblauch und Chili fein schneiden. Paprika würfeln. Alles in Butter anschwitzen. Tomatenmark zufügen und kurz mit anschwitzen. Gewürze und Linsen einrühren, dann mit Hühnerbrühe ablöschen und alles 35–45 Min. köcheln lassen. Die Linsen sollen ganz weich und die Flüssigkeit vollständig aufgebraucht sein.
2. Die Linsen im Mixer pürieren, in schöne Formen abfüllen und frosten. Vor dem Servieren die gefrorenen Förmchen auf dem Teller auftauen. (Alternativ eine Nocke auf den Teller setzen.)

BLUMENKOHL-COUSCOUS

½ Blumenkohl | 100 g Pinienkerne | 50 ml Limettensaft | Salz | Currypulver Anapurna | 2 EL Honig

Den Blumenkohl waschen und fein raspeln. Die Pinienkerne im Ofen (170 °) ca. 5 Min. goldbraun rösten, dann fein hacken. Limettensaft mit Salz und Currypulver kräftig abschmecken, Honig und eine gute Prise Currypulver hinzugeben. Den Blumenkohl und die Pinienkerne untermengen.

BLUMENKOHL-PAKORA

200 g Kichererbsenmehl | ½ Blumenkohl | Salz | Kurkuma | Garam Masala | Kreuzkümmel | Öl zum Frittieren

1. Den Backofen auf 160° (Umluft) vorheizen und das Kichererbsenmehl ca. 20 Min darin golden rösten.
2. Blumenkohl in Röschen schneiden. Einen Topf Wasser aufsetzen, mit Salz und Kurkuma würzen und die Röschen darin kurz blanchieren. In Eiswasser abschrecken und abtropfen lassen.
3. Das geröstete Kichererbsenmehl mit je einer Prise Salz, Garam Masala und Kreuzkümmel sowie ca. 250 ml Wasser zu einem geschmeidigen Ausbackteig verrühren. Die Blumenkohlröschen damit überziehen und in einem Topf bei 160° golden frittieren.

MAISMOUSSE

200 g Mais (aus der Dose) | 1 Schalotte | 70 g Butter | 100 ml Kokosmilch | 2,5 Blatt Gelatine | Salz | geräuchertes Paprikapulver

1. Mais in einem Sieb gut abtropfen lassen. Die Schalotte fein schneiden und in Butter anschwitzen. Den Mais zugeben, kurz mit anschwitzen, dann mit Kokosmilch ablöschen und alles 5 Min. köcheln lassen.
2. Den Mais mit der Kokosmilch im Mixer pürieren und die Mischung anschließend durch ein feines Sieb passieren.
3. Die Gelatine in kaltem Wasser einweichen. 200 g vom Maispüree abwiegen, die Gelatine auflösen, etwas Püree zugeben und diese Mischung dann wieder unter das restliche Püree rühren. Mit Salz und Paprikapulver abschmecken.
4. Die Mousse in Formen füllen, erst kühlen und dann frosten. Vor dem Servieren aus der Form drücken und auf dem Teller auftauen lassen.

ANRICHTEN

Zusätzlich: Minipaprika | eingelegter Kürbis (Rezept Seite 61) | Rambutan | Korianderkresse | Maiskörner (nach Belieben)

Alle Komponenten auf den Teller geben (Maismousse evtl. mit Maiskörnern hübsch dekorieren) und mit Minipaprika, eingelegtem Kürbis, kleinen Stücken von Rambutan und Korianderkresse garnieren.

GULAP YAMUN
Orange & Rose

SIRUP

200 g Zucker | 2 Kardamomkapseln (angestoßen) | 1 Stückchen Bio-Orangenschale | 1 Spritzer Rosenwasser

500 ml Wasser in einen kleinen Topf füllen, Zucker, Kardamom und Orangenschale dazugeben, aufkochen und ca. 10 Min. zu Sirup einköcheln. Zum Schluss mit Rosenwasser aromatisieren.

GULAP YAMUN

70 g Mehl | 1 TL Backpulver | 180 g Milchpulver | 1 TL Kardamompulver | 150 ml Milch | 20 g flüssige kalte Butter

Alle Zutaten mit dem Handrührgerät verkneten und den Teig dann ca. 1 Std. kalt stellen. Kleine Kugeln aus dem Teig formen und im heißen Öl bei 170° goldbraun frittieren. Kurz in den Sirup legen und warm essen.

ANRICHTEN

Zusätzlich: gehackte Pistazien | Granatapfelkerne

Mit Pistazien und Granatapfelkernen garnieren.

EIN HAUCH AUS INDIEN
Blumenkohl & Pickles

BLUMENKOHLMOUSSE

1 Zwiebel | 1 Blumenkohl | 50 g Butter | Salz | Currypulver Anapurna | 250 ml Kokosmilch | 6 Gelatine | 200 g Sahne

1. Die Zwiebel würfeln, den Blumenkohl grob zerteilen und dann beides in Butter anschwitzen. Mit Salz und Curry würzen, mit Kokosmilch auffüllen, einmal aufkochen lassen und zugedeckt ca. 25–30 Min. köcheln lassen, bis der Blumenkohl gar ist.
2. Blumenkohl durch ein Sieb abgießen (dabei die Kokosmilch auffangen) und im Standmixer oder einer Kochmaschine fein pürieren. Evtl. so viel von der aufgefangenen Kokosmilch zufügen, bis das Püree eine glatte, aber nicht zu flüssige Konsistenz hat. Abkühlen lassen.
3. Gelatine in kaltem Wasser einweichen. 400 g Blumenkohlpüree abwiegen, die Gelatine auflösen, etwas Püree zugeben und diese Mischung dann wieder unter das restliche Püree rühren. Sahne steif schlagen und unterheben. Die Mousse in Formen füllen.

BLUMENKOHLCHIPS

100 g Blumenkohl | 100 g Mehl | 50 g Öl | Salz | Currypulver Anapurna

1. Den Backofen auf 170° (Umluft) vorheizen. Den Blumenkohl fein reiben. Mit Mehl und Öl zu einem homogenen Teig verarbeiten. Mit Salz und Curry würzen. Den Teig zwischen zwei Blatt Backpapier dünn ausrollen und im Ofen ca. 9 Min. goldbraun backen.
2. Herausnehmen und abkühlen lassen – evtl. auf Küchenpapier, um überschüssiges Fett zu entfernen. In grobe Stücke brechen.

Bitte weiterlesen →

JOGHURTCREME

400 g fetter Joghurt (10 % Fett) | Currypulver Anapurna | Salz | etwas Saft und abgeriebene Schale von 1 Bio-Zitrone

Joghurt am besten über Nacht in einem mit einem feinen Tuch ausgelegten Sieb abtropfen lassen. Am nächsten Tag in einer großen Schüssel mit etwas Zitronensaft glatt rühren und mit Zitronenschale, Currypulver und Salz abschmecken.

PICKLES

250 ml Reisessig | 1 EL Salz | 1 EL Zucker | 2 Wacholder | 1 Lorbeerblatt | 3 Pfefferkörner | 2 Nelken | 1 kleines Stück Zimtstange | 6 Kardamomkapseln (angedrückt) | 1 Sternanis | 1 EL Senfsaat | Kurkuma | Currypulver Anapurna | 2 Schalotten | 1 Gurke | ½ Blumenkohl

1. In einem Topf 250 ml Wasser mit Reisessig, Salz, Zucker und den Gewürzen aufkochen.
2. Die Schalotten schälen und in feine Ringe schneiden. Die Gurke der Länge nach vierteln, das Kerngehäuse entfernen, entsaften und für das Pickle-Gel (siehe unten) beiseitestellen. Den Rest der Gurke quer in ca. 5 mm dicke Streifen schneiden. Blumenkohl in kleine Röschen teilen.
3. Die Blumenkohlröschen zum Gewürzsud in den Topf geben und 30 Sek. darin köcheln. Den Topf vom Herd ziehen, Schalottenringe und Gurkenstreifen in den Sud geben und alles erkalten lassen. Das Gemüse im Sud vakuumieren oder in ein Weckglas füllen.

PICKLE-GEL

7,5 g Gelan oder Agar-Agar | 750 ml Gurkensaft (bzw. Gurkensaft von den Pickles und den Rest mit Apfelsaft auffüllen) | 100 g Garlic Pickles (aus dem indischen Lebensmittelgeschäft) | Salz | Zitronensaft (nach Belieben)

1. In einem Topf das Gelan bzw. Agar-Agar in den Gurkensaft bzw. die Gurken-Apfelsaft-Mischung einrühren, 20 Min. quellen lassen, dann die Mischung zum Kochen bringen und 2 Min. köcheln lassen. In ein tiefes Blech gießen und abkühlen lassen.
2. Sobald der Gurkensaft fest geworden ist, zusammen mit den Garlic Pickles erst im Mixer pürieren, dann durch ein Sieb streichen. Mit Salz und Zitronensaft abschmecken und in eine Spritzflasche füllen.

ANRICHTEN

Zusätzlich: Blumenkohl-Couscous (siehe Seite 140) | Röstzwiebeln

Die Mousse mittig auf Tellern platzieren, Couscous-Nocken anlegen und mit Pickles, Tupfen von Joghurtcreme und Pickle-Gel sowie Röstzwiebeln garnieren.

Indien war ein wahres Gewürzparadies: die Nelken riesig, der Kardamom knallgrün und der Duft unbeschreiblich. Und die Küchenteams haben mich wirklich großartig unterstützt und alles besorgt, was ich für meine Menüs benötigte.

GARNELENCURRY Tomate & Chili

Für 2 Stück

GARNELENCURRY

2 Soloknoblauch | 2 große rote Chilischoten | 2 kleine grüne Chilischoten | 100 g Ingwer | 2 rote Zwiebeln | 4 Tomaten | 1 EL Koriandersamen | 5 Kardamomkapseln (angedrückt) | 10 Garnelen (mit Kopf und Schale) | Salz | Pfeffer | Ghee oder Butterschmalz | 200 ml Kokosmilch

1. Knoblauch, Chilis und Ingwer sehr fein hacken. Zwiebeln in feine Würfel schneiden und auch die Tomaten klein würfeln. Koriandersamen und Kardamomkapseln im Mörser ganz leicht zerstoßen.
2. Garnelen waschen, salzen und pfeffern. Eine große Pfanne stark erhitzen und Ghee bzw. Butterschmalz dazugeben. Das Fett sollte fast schon qualmen. Die Garnelen von beiden Seiten ganz kurz ganz scharf anbraten. Die Schalen geben Grillaroma ab, dies ist wichtig für den Geschmack des Currys. Die Garnelen herausnehmen und beiseitestellen.
3. Die Pfanne von der starken Hitze nehmen und erneut etwas Ghee bzw. Butterschmalz dazugeben. Knoblauch, Ingwer und Chilis darin anschwenken. Die Gewürze zufügen und kurz mitbraten. Die Zwiebel- und Tomaten dazugeben und alles 5 Min. köcheln lassen. Mit Kokosmilch ablöschen.
4. Vor dem Servieren die Garnelen in die Sauce geben, einmal aufkochen und kurz ziehen lassen. Die Garnelen müssen innen leicht glasig bleiben.

KOKOSREIS

1 Schalotte | 1 TL Butter oder Kokosöl | 300 g Basmatireis | 200 g Kokosmilch | Salz

Die Schalotte fein hacken und in Butter bzw. Kokosöl farblos anschwitzen. Reis zugeben, 400 ml Wasser und Kokosmilch angießen, kräftig salzen und alles zugedeckt einmal aufkochen. Den Herd ausschalten (Gas oder Induktionsherd Stufe 1) und den Reis auf der warmen Platte ca. 20 Min. ziehen lassen. (Alternativ den Reis im Reiskocher zubereiten.)

HOPPER
Thunfisch-Sambal & Rote Linsen

VORBEREITEN

HOPPER MIT EI

400 ml Kokosmilch | 1 TL Trockenhefe | 1 TL brauner Zucker | 150 g Reismehl | 50 g Maismehl | 100 ml Sprudelwasser | Salz | Kokosöl zum Einfetten der Pfanne | 6–8 Eier (hängt von der Größe der Hopper ab)

1. 100 ml Kokosmilch mit Hefe und Zucker vermischen und 30 Min. gehen lassen. Danach die restliche Kokosmilch dazugeben.
2. Reismehl und Mehl in einer Schüssel vermischen und die Kokosmilch darübergeben. Mit einem Schneebesen vermischen und über Nacht abgedeckt gehen lassen.
3. Am nächsten Tag vor dem Backen das Sprudelwasser unterrühren und mit einer guten Prise Salz würzen.
4. In einem Miniwok das Kokosöl sehr heiß erhitzen, den Teig wie beim Crêpe ganz dünn darin schwenken und sofort 1 Ei direkt in die Mitte aufschlagen.
5. Die Hitze reduzieren, einen Deckel auf den Wok legen und das Ei nach Belieben garen (ich mag es gern recht flüssig). Den Hopper vorsichtig aus dem Wok bzw. der Pfanne holen.

ROTE LINSEN

3 Schalotten | 1 rote Chilischote | 2 Soloknoblauch | 50 g Ghee oder Butterschmalz | 1 TL Paprikapulver | 1 TL Baharat | 1 TL Koriandersamen | 1 TL Tandoorigewürz | 5 Curryblätter | 2 EL Tomatenmark | 200 g rote Linsen | 200 ml Gemüsebrühe | 300 ml Tomatensaft | 200 ml Kokosmilch

Schalotten fein schneiden, Chili und Knoblauch fein hacken. In Ghee bzw. Butterschmalz anschwitzen. Gewürze und Curryblätter (vorher am Stielansatz einreißen) dazugeben. Tomatenmark einen Moment mit anschwitzen, dann die Linsen zugeben und mit Brühe, Tomatensaft und Kokosmilch ablöschen. Mind. 30 Min. köcheln lassen, bis die Linsen komplett zerfallen. Dabei immer wieder rühren.

Bitte weiterlesen →

THUNFISCH-SAMBAL

2 Zwiebeln | 1 Soloknoblauch | 1 scharfe indische Chilischote | 1 EL Ghee oder Butterschmalz | 1 TL Garam Masala | 2 Kardamomkapseln (angedrückt) | 1 EL Tomatenmark | 150 g Thunfisch (aus der Dose; im eigenen Saft) | 3 Tomaten (fein gewürfelt) | 3 Curryblätter | Salz

Zwiebeln in feine Ringe schneiden, Knoblauch und Chili grob hacken. Alles in Ghee bzw. Butterschmalz anschwitzen. Gewürze und Tomatenmark zugeben und kurz mitschwitzen. Den Thunfisch dazugeben, kurz umrühren und dann die fein gewürfelten Tomaten zufügen. Die Hitze reduzieren und kochen lassen, bis die Tomaten ihren Saft verloren haben. Curryblätter am Stielansatz einreißen und dazugeben, mit Salz abschmecken.

LEICHTER SALAT MIT FRISCHEM KORIANDER

Salz | etwas Zitronensaft | 2 EL Olivenöl | Pfeffer | 2 Tomaten | ½ Gurke | 1 rote Zwiebel | Korianderblätter (nach Belieben)

Für das Dressing Salz in Zitronensaft auflösen, dann das Olivenöl einlaufen lassen und pfeffern. Das Dressing muss kräftig schmecken, damit der Salat eine schöne Würze bekommt. Die Tomaten und die Gurke in kleine Würfel, die Zwiebel in Streifen schneiden und mit dem Dressing vermengen. Nach Belieben Koriander hacken und darüberstreuen.

ANRICHTEN

Alle Komponenten in einzelnen Tellern und Schälchen servieren. In Sri Lanka isst man den Hopper zum Frühstück. Er ist aber auch ein leichtes Lunch oder Abendessen. Wer will, reibt noch etwas frische Kokosnuss darüber.

Von Colombo aus kann man mit der Eisenbahn durch hügelige, saftig grüne Landschaften ins Hochland fahren, wo auf vielen Hektar Tee angebaut wird. Die Arbeit auf den Plantagen hat meine Achtung für hochwertigen Tee enorm gesteigert.

NORDAFRIKA

Marokko, Äthiopien, Tunesien

Die letzten Etappen meiner kulinarischen Reise führten mich noch einmal weit zurück in den Westen, dort wo Afrika und der Orient »verschmelzen« und wo es ein Land gibt, das schon vor vielen Jahren meine zweite Heimat geworden ist.

FAST WIE ZU HAUSE
Neue und alte Liebe

Seit ich ein kleines Mädchen war, habe ich den Großteil meiner Ferien in Tunesien verbracht. Komischerweise war ich aber nie im Nachbarland Marokko und auch in keinem anderen nordafrikanischen Staat. Meine Weltreise war eine gute Gelegenheit, das endlich zu ändern …

Marokko

Für die ersten Tage in Marrakesch hatte ich mich in einem der typischen Riads einquartiert. Es war ruhig gelegen mitten in einem ganz normalen Wohnviertel und trotzdem war ich von dort aus in 30 Minuten zu Fuß in der Medina, der quirligen Altstadt mit ihren Souks, Cafés, Restaurants, Museen und anderen Sehenswürdigkeiten. Aber mein Spaziergang musste noch warten: Ich kam spätnachmittags an, war müde und nachdem ich schnell eine Tajine mit Hackbällchen gegessen hatte, fiel ich erst mal erschöpft ins Bett.

Entsprechend früh wachte ich am nächsten Morgen auf und machte mich noch vor dem Frühstück auf den Weg ins Zentrum. Es war, obwohl schon Mitte Juni, recht kühl und die Luft war so klar und sauber, dass man fast vergessen konnte, in Afrika zu sein. Die Straßen waren wie ausgestorben. Außer ein paar Frauen, die vor ihren Häusern sauber machten, und einigen Männern, die den ein oder anderen Laden belieferten, war keine Menschenseele unterwegs. Ich joggte etwa fünf Kilometer zum berühmten Yves-Saint-Laurent-Museum, das direkt an den wunderschönen Jardin Majorelle grenzt. Vor allem aber war ich fasziniert, wie sauber alles war – kein Vergleich zu Tunesien. Die Tore vieler Riads standen offen und so konnte ich immer wieder einen Blick in die märchenhaft gefliesten Innenhöfe mit ihren blühenden Orangenbäumen und Jasminsträuchern werfen. Es duftete herrlich!

Die nächsten beiden Tage erkundete ich die Stadt, bestaunte die vielen Sehenswürdigkeiten und vergaß die Zeit in den Souks. Dort gab es wirklich alles, was das Herz begehrt: Gewürze, Kräuter, Öle, Obst und Gemüse, Oliven, Datteln, Teppiche, Lederwaren, Kunsthandwerk jeglicher Couleur … Ich war hellauf begeistert und ließ mich einfach treiben.

Auf dem Rücken eines Dromedars begab ich mich auf den Spuren der marokkanischen Nomaden durch eine traumhafte Wüstenlandschaft. Die Weite und Ruhe dort war wirklich beeindruckend.

Eigentlich wollte ich mich nach ein paar Tagen mit einem befreundeten Fotografen treffen, aber der hatte sich den Arm gebrochen. Quasi als »Ersatz« sandte er seinen Cousin. Weil der aus Rabat kam, kannte er sich in Marrakesch aber auch nicht besser aus als ich. Also buchten wir einfach eine Tour in die Wüste. So richtig mit Kamelen und allem Drum und Dran. Herrlich!

Am Abend waren wir in einer spanischen Bar. Erst war ich ein bisschen enttäuscht, denn ich wäre viel lieber in ein orientalisches Café oder eine der schicken Hotelbars gegangen. Aber letztendlich war es doch die richtige Entscheidung, weil ich dort Amine und seine Freundin kennenlernte. Sie feierten Geburtstag und luden uns spontan ein mitzufeiern. Wir zogen dann noch alle weiter in eine Disco – und auch die restlichen Tage in Marokko verbrachte ich danach kurz entschlossen mit meinen neuen Bekannten. Sie lotsten mich durch die verwinkelten Gassen der Altstadt, zeigten mir aber auch das moderne Marrakesch. Wir fuhren gemeinsam ins Atlasgebirge, wo die Luft in 2000 Metern Höhe so klar und frisch war, dass ich mich sofort unglaublich frei fühlte, und ins Surferparadies Taghazout nördlich von Agadir. Der feine Sand dort leuchtete golden, der Atlantik schimmerte in allen erdenklichen Blautönen. Es war richtig heiß, gleichzeitig ging aber immer ein starker Wind und die Wellen des Atlantiks donnerten an den Strand. Wildes Marokko.

Wir besichtigten ein Weingut und besuchten eine Arganplantage, wo das kostbare Arganöl gepresst wurde, das zugegebenermaßen etwas komisch riecht, aber auf Brot oder in Salat extrem fein schmeckt. Und natürlich waren wir auch immer wieder in den verschiedensten Restaurants und Bars essen. Am meisten habe ich die Grilllokale geliebt, in denen man sich ein Fleisch aussucht, das dann direkt vom Rost serviert wird. Mein Highlight dort war Lammhirn. Zusammen mit dem geriebenen Tomatensalat und einem scharfen Paprikadip hat das einfach wunderbar geschmeckt. Die scharfe Paste habe ich auch einmal morgens in der Medina gegessen, auf einem dünnen gegrillten Fladenbrot mit schwarzen Blasen. Hot and spicy, genau wie ich es liebe.

Auf einem Markt habe ich einmal sogar einen ganzen Schafskopf gegessen. Auch wenn er wirklich hervorragend schmeckte, hat mich doch jeder Bissen davon einiges an Überwindung gekostet.

Marokko ist ein unglaublich farbenfrohes Land. Aber das Kobaltblau des Pavillons im berühmten Jardin Majorelle, einem botanischen Garten im Stadtteil Guéliz, übertrumpft einfach alles.

Zwischendurch habe ich zwei Tage im »Dar Moha« gearbeitet. Den Chef, Moha, ein bekannter marokkanischer Fernsehkoch, hatte ich in Deutschland bei einem Gourmetfest kennengelernt. Zwei meiner Instagram-Follower haben mich dann noch in ein anderes Restaurant empfohlen, das in der Nähe des »Hauses der Fotografie« liegt, dessen Ausstellung mit über 8000 Fotos übrigens einen tollen Einblick in die Geschichte Marokkos seit Ende des 19. Jahrhunderts bietet.

Die Atmosphäre in dem Lokal war gleich total familiär und es fühlte sich eher an, als würde ich bei meiner Schwiegermutter kochen und nicht bei einer Frau, die ich erst wenige Stunden kannte. Zusammen mit zwei anderen Frauen haben Mutter und Tochter, die etwa in meinem Alter war, ganz klassisch marokkanisch gekocht. Das fand ich natürlich super. Es gab einfache Salate, zum Beispiel aus geriebenen Möhren, Koriander, Zitronensaft und Olivenöl, und viele Schmorgerichte mit Huhn oder Lamm, die in den typischen Tajines, dicken Tongefäßen mit meist hohen Deckeln, zubereitet und serviert wurden. Und freitags war immer Couscoustag. Ein Duft, der mich immer gleich an Tunesien erinnerte, auch wenn dort Sonntag der traditionelle Couscoustag ist.

Ich war wirklich begeistert von der marokkanischen Küche, weil die Geschmäcker so vielfältig sind. Dunkel und süß, dazu die Salzzitronen und vielen Fischgerichte, was ich ja auch sehr, sehr gern mag. Nur ein bisschen salziger könnte alles für mich sein. Und etwas schärfer. Die marokkanische Küche mit der Schärfe Tunesiens: Das wäre für mich die perfekte Mischung!

Äthiopien

Von Marrakesch ging es weiter in eins der ärmsten Länder der Welt: Äthiopien. Ich bin mir nicht sicher, ob ich es ohne Chef Uwe, der mir auf meiner Reise oft coole Tipps gegeben hat, jemals bereist hätte. Auf Uwes Vermittlung hin kontaktierte mich der Direktor des »Raddison« Äthiopien: Ob ich nicht Lust hätte, seiner Küchencrew ein paar Basics zu zeigen und einen Lunch für die Botschafter aus Deutschland, Österreich und der Schweiz auszurichten. Was für eine Frage! Wenn ich allerdings gewusst hätte, was mich erwartete, hätte ich mich vermutlich besser vorbereitet ...

Addis Abeba, wo mein Flugzeug landete, war eine einzige Baustelle und über dem bunten Treiben der Megametropole hing eine Smogglocke, wie ich sie nicht einmal in Asien gesehen hatte. Ich hatte wie immer eine Liste mit Ware vorausgeschickt, die ich zum Kochen brauchte. Aber bestimmt die Hälfte davon war hier nicht erhältlich. Vor allem Basics wie Milch, Milchprodukte und Fleisch waren Mangelware und die Qualität dessen, was man ergattern konnte, ganz anders, als wir es kennen. Man muss zum Beispiel Fleisch, das bei uns nur kurz gebraten würde, dort schmoren, damit es schön zart ist. Der Hoteldirektor hatte sich gewünscht, dass ich seiner Küchencrew noch ein paar Klassiker der europäischen Küche zeige. Aber wie sollte das unter diesen Umständen hier gehen? Ich war wirklich ratlos.

Auch bei meinem eigenen Menü musste ich improvisieren und habe dann unter anderem selbst Ricotta gemacht. Zu meinem Erstaunen gab es jedoch sehr gute Avocados, die ich zusammen mit Wassermelone verarbeitete. Am Ende war alles supersimpel und trotzdem hatte die Küchenmannschaft so etwas noch nie gesehen.

In den Supermärkten gab es außer ein bisschen Gemüse kaum frische Ware, aber seltsamerweise Unmengen an Milchpulver und Cornflakes. Alles erschien mir sehr fremd.

Einmal sind wir aus Addis Abeba rausgefahren – auf einer nigelnagelneuen Autobahn mit Mautstationen. Das war fast schon surreal, vor allem als dann plötzlich noch eine Kuh mitten auf der Fahrbahn stand. Kaum hatten wir die Stadt hinter uns gelassen, war alles grün und weitläufig. Mit einem Mal tat sich eine ganz andere Welt auf. Unser Ziel war ein kleines Ressort an einem See, mit kleinen Bungalows und Bootsverleih. Die Landschaft war wirklich wunderschön. Kein Vergleich zum Hauptstadtmoloch, hier wäre ich gerne länger geblieben, um Land und Leute besser kennenzulernen – und natürlich die authentische Landesküche.

Das Wenige, das ich während meines kurzen Aufenthalts probieren konnte, war gut gewürzt, wobei ich auf der einen Seite immer den orientalischen Einfluss herausgeschmeckt habe mit Kreuzkümmel, Berbere- und Baharatgewürzmischung, auf der anderen Seite auch die indische Küche mit ihrer Kokosmilch.

Am spannendsten fand ich Injera, ein dünnes weiches Fladenbrot aus Teffmehl und Sauerteig, das es zu fast allen Gerichten gab und von dem man sich ein Stück abriss, um das Essen darin einzuwickeln. Das Brot diente also gewissermaßen gleich noch als »Besteck«. So etwas mag ich. Und weil fast immer mit den Fingern gegessen wurde, trug man zum Schluss Schalen mit Wasser an den Tisch, in denen man sich die Hände waschen konnte. Sehr gastfreundlich, wie überhaupt das ganze Land. Trotz ihrer Armut waren alle Leute, denen ich begegnete, zugewandt und sehr freundlich.

Tunesien, mon amour

Ein nordafrikanisches Land spielt in meinem Leben eine ganz besondere Rolle, denn es ist mit den Jahren zu einer zweiten Heimat für mich geworden: Tunesien. Wie es dazu kam? Meine Großeltern hatten ein Reisebüro und als Tunesien sich vor rund 40 Jahren stärker dem Westen öffnete, spendierte ein Reiseveranstalter Oma und Opa eine Reise nach Sousse, damit sie das Land kennenlernen und sich ein paar Hotels anschauen konnten. Bei meiner Oma war es Liebe auf den ersten Blick: der weiße Strand, das Meer, überhaupt das tolle Wetter, dazu die netten Menschen ... Seitdem ist sie zwei-, dreimal im Jahr runtergeflogen. Erst in Pensionen und Hotels, später dann in einer eigenen Wohnung. Wir waren, glaube ich, lange die einzigen Deutschen in Sousse und daher hat uns so gut wie jeder gekannt.

Von Anfang an hat meine Oma aus Tunesien immer die tollsten Sachen mitgebracht: Orangen, frisch vom Baum, Feigen, Datteln, Granatäpfel und Granatapfelsirup, frische Mandeln, Kichererbsen, Couscous, superreife Tomaten, die so viel aromatischer schmeckten als die holländische Treibhausware bei uns, und natürlich Olivenöl, vor Ort abgefüllt in großen Eineinhalb-Liter-Wasserflaschen und im Koffer nach Deutschland importiert. Diese Aromen haben mich von früher Kindheit an geprägt.

Als ich selbst das erste Mal in Tunesien war, Silvester 1992, war ich gerade mal drei Jahre alt. Aber ich erinnere mich noch ganz genau, wie der Kellner im Restaurant den Fisch für mich filetiert hat. Seit ich dann sechs, sieben oder acht war, haben mein Bruder und ich unsere Großmutter immer in den Ferien begleitet. Wir waren den ganzen Tag am Strand, danach sind wir auf dem Balkon herumgelümmelt, während Oma gekocht hat, und dann haben wir den ganzen Abend mit ihr Karten gespielt. Für uns Kinder war es das Paradies auf Erden.

Morgens kamen die Händler mit ihren Eselskarren, um ihre frische Ware anzubieten. Wenn wir ihre Rufe hörten, sind wir rausgerannt auf den Balkon, um zu schauen, was es diesmal gab. Wir sprachen ja kein Tunesisch. Ich weiß noch, dass meine Oma immer sofort auf die Straße runtergelaufen ist, wenn es frische Feigen gab. Die waren so süß und saftig! Man konnte sie gar nicht schälen, sondern nur oben aufschneiden und dann aus der Schale essen. Göttlich!

Als ich etwas älter wurde, durfte ich eine Freundin mitnehmen und weil Oma jeden und uns jeder kannte, durften wir sogar abends noch allein spazieren gehen oder in ein Café. Mit Freundinnen bin ich später auch das erste Mal in eine Shishabar und in die Disco. Alles war einfach nur abenteuerlich!

Die Frau unten im Haus hat zwei Kinder: Jasmine und Bilel. Alle Leute, die ich heute in Tunesien kenne, habe ich mit den oder durch die beiden kennengelernt. Und Jasmine ist eine meiner besten Freudinnen. Deswegen hat es mir auch nie etwas ausge-

So fern von zu Hause und doch so nah: Tunesien ist längst meine zweite Heimat. Hier finde ich mich traumwandlerisch zurecht und genieße es doch, in eine völlig andere Welt abzutauchen.

macht, ohne Begleitung nach Tunesien zu fahren. Ich kenne dort ja genügend Leute. Ich glaube, ich war allein auf unzähligen Hochzeiten eingeladen, war mit meinen Freunden dort bei David Guetta und Mariah Carey. Nach meiner Ausbildung bin ich sogar einmal mit meinem Auto runter und drei Monate im ganzen Land herumgereist. Als ich zurück nach Hause kam, hatte ich den ganzen Kofferraum voll mit Gewürzen.

Obwohl ich wirklich oft in Tunesien bin, habe ich dort jedoch noch nie gearbeitet. Einmal wollte ich mich gerade für einen Patisseriekurs anmelden, aber dann kam die Anfrage für die Nationalmannschaft der Köche und ich bin doch lieber nach Hause geflogen. Was ich über die tunesische Küche weiß, habe ich also tatsächlich von meiner Oma gelernt – und natürlich von Jasmines Mutter. Mit ihr habe ich schon so viele Stunden gekocht. Sie hat mir alles gezeigt, worauf es ankommt. Und die Küche ist ja eigentlich auch ganz einfach, wobei das gerade auch das ist, was ich so gerne an ihr mag. Am Anfang werden so gut wie immer scharfe Spitzpaprika in sehr viel hervorragendem Olivenöl angebraten. Sie werden dann rausgeholt und stattdessen kommt Fleisch ins Öl, das dann in Tomatensauce schmort, zusammen mit Kichererbsen, Bohnen, Erbsen oder Kürbis – oder allem zusammen, je nachdem, was gerade da ist. Am Schluss werden auch die Paprika wieder in der Sauce aufgewärmt und dann wird alles mit Brot aufgetunkt. Das ist so gut!

Auch die ganzen Grillrestaurants sind genau meine Welt. Wie in Marokko suchst du dir aus, was du haben möchtest, und das wird dann superfrisch vor deinen Augen zubereitet. Dazu gibt es selbst gemachte Fritten und mein geliebtes Harissa, einen scharfen Salat aus gegrillter Paprika. Wenn ich mit dem Auto eine dieser »Grillstraßen« entlangfahre, kurble ich immer die Scheibe runter. Dieser Geruch ist für mich wie Heimkommen.

Obwohl ich mittlerweile viel herumgekommen bin, ist Tunesien noch immer das Land, aus dem ich die meisten traditionellen Gerichte kenne und ohne groß zu überlegen nachkochen kann. Tunesien hat mir schon früh ganz neue Eindrücke und Geschmackserlebnisse eröffnet und mich letztendlich neugierig gemacht auf die Küchen dieser Welt. Vor allem aber hat dieses Land meinen eigenen Kochstil geprägt wie kein anderes. Und: Tunesisch ist das, was ich mir selbst koche, wenn ich mal frei habe. Es ist einfach alles so schön scharf, aber nicht die Art von scharf, wie ich es in Thailand oder Vietnam gegessen habe, sondern scharf mit Paprika und Tomate. Das liebe ich!

Klar versuche ich, die Methoden zu perfektionieren, und gebe vielleicht ein My mehr hiervon in ein Rezept und ein My mehr davon und habe zum Beispiel schon gegrillten Loup de Mer auf Harissa mit Weiße-Bohnen-Salat und Zitrone serviert. Doch bei all dem versuche ich immer, sehr nah am Original zu bleiben.

Irgendwie passt es, dass Tunesien die letzte Etappe meiner kulinarischen Weltreise war – dort, wo sozusagen alles angefangen hat. Schon im November war ich kurz zum Start der Olivenernte für mein Öl Kenzolie vorbeigekommen. Im Februar 2020 dann war ich noch einmal hingeflogen, um die letzten Oliven mitzupflücken und bei der Pressung zuzuschauen und das Öl abzufüllen. In Tunesien gibt es fantastisches Olivenöl, ich würde sogar sagen, hier gibt es das beste Olivenöl der Welt. Und weil ich schon immer gern ein eigenes Olivenöl haben wollte, habe ich kurzerhand meine Firma Kenzolie gegründet.

»Kenza« bedeutet so viel wie »Schatz am Fluss« und »olie« kommt von »Jolie« oder »Julia«. Zusammen ergibt das »Kenzolie«: der Name meines eigenen Olivenöls. Es ist sortenrein gepresst und stammt aus kleinen Familienbetrieben in Tunesien.

Mit dem Abschied von Tunesien war auch meine Reise vorbei. 14 Monate hatte sie mich durch die halbe Welt geführt, jetzt ging es zurück nach Hause. Am 1. März 2020 habe ich in Köln den Lokschuppen eröffnet. Und dann kam Corona … Umso mehr freue ich mich, dass ich vor der Pandemie noch all diese Länder erleben, so viele interessante und liebenswürdige Menschen kennenlernen und noch viel mehr neue und außergewöhnliche Dinge probieren durfte. Eins weiß ich ganz bestimmt: Meine kulinarische Reise ist noch lange nicht vorbei. Wahrscheinlich wird sie überhaupt nie enden – so wie meine Liebe zu Tunesien.

TAJINE MIT HÜHNCHEN Salzzitrone & Olive

Für 2 Personen

2 Hühnerkeulen von der Maispoularde | 2 große Zwiebeln | 1 Soloknoblauch | ½ Bund Petersilie | ein paar Zweige frischer Koriander | 4 EL Olivenöl | 1 TL gemahlener Kreuzkümmel | 1 TL edelsüßes Paprikapulver | 5 Safranfäden | Salz | Pfeffer | 250 ml Hühnerbrühe | 1 TL Kurkuma | 1 TL Ras el Hanout | 2 mehlige Kartoffeln | 1 marokkanische Salzzitrone | 100 g grüne Oliven

1. Die Tajine 10 Min. wässern. Die Hähnchenstücke kurz mit kaltem Wasser abbrausen und trocken tupfen. Die Zwiebeln fein schneiden, Knoblauch, Koriander und Petersilie fein hacken.
2. Zwiebeln und Knoblauch im Tajineboden bei mittlerer Hitze in Olivenöl glasig dünsten. Kreuzkümmel, Paprikapulver und Safran dazugeben, salzen und pfeffern, dann mit Brühe ablöschen und die gehackten Kräuter unterrühren.
3. Die Hähnchenstücke mit Kurkuma und Ras el Hanout, Salz und Pfeffer würzen und in die Tajine legen. Von allen Seiten in der Sauce wenden und mit geschlossenem Deckel bei mittlerer Hitze 40–60 Min. schmoren, bis sich das Fleisch vom Knochen lösen lässt. Hin und wieder die Flüssigkeit kontrollieren und umrühren.
4. 20 Min. vor Ende der Garzeit die Kartoffeln schälen und die Salzzitrone in Stücke schneiden. Mit den Oliven zum Huhn geben und alles zusammen fertig garen.

HARIRA
Gefüllte Sardine & Tomate

HARIRA

2 Zwiebeln | 1 Soloknoblauch | 1 rote Chilischote | 300 g Suppenfleisch vom Rind | Salz | Pfeffer | Kurkuma | edelsüßes Paprikapulver | gemahlener Kreuzkümmel | 1 EL Olivenöl | 1 EL Tomatenmark | 1 l Gemüsebrühe | 100 g Kichererbsen (über Nacht eingeweicht) | 50 g rote Linsen | 200 g Knollensellerie | 2 Möhren | 3 Tomaten

1. Zwiebeln fein schneiden, Knoblauch und Chili fein hacken. Das Rindfleisch gut würzen. Das Olivenöl in einem Topf erhitzen, Zwiebeln, Knoblauch und Chili darin anschwitzen. Fleisch dazugeben und rundum anbraten. Tomatenmark zufügen und kurz mit anrösten. Mit Brühe ablöschen, dann die Kichererbsen und roten Linsen in den Topf geben. Alles zugedeckt ca. 1 Std. bei mittlerer Hitze köcheln lassen.
2. Währenddessen Sellerie, Möhren und Tomaten in schöne Würfel schneiden. Nach 1 Std. zum Fleisch geben und die Harira noch weitere 20 Min. köcheln lassen.

GEFÜLLTE SARDINEN

2 Schalotten | 1 Soloknoblauch | 1 rote Chilischote | 50 g Mandeln | 40 g weiße Rosinen | 2 EL Olivenöl | Zimt | Ras el Hanout | 150 g weich gekochter Jasminreis | 12 frische Sardinen | Salz | Pfeffer | 1–2 Eier | Mehl und Semmelbrösel zum Panieren | Öl zum Frittieren (Sonnenblumen- oder Frittieröl) | Spalten von 2 Bio-Zitronen

1. Schalotten fein schneiden, Knoblauch und Chili fein hacken. Mandeln und Rosinen ebenfalls hacken.
2. Das Olivenöl erhitzen und Schalotten, Knoblauch und Chili darin anschwitzen. Mit Zimt und Ras el Hanout bestäuben, die Mandeln und Rosinen dazu geben und den gekochten Reis unterrühren. Die Masse sollte ein bisschen klebrig sein.
3. Die Sardinen filetieren, waschen, trocken tupfen und mit Salz und Pfeffer würzen. Jeden Fisch mit einem gutem EL Reismasse füllen. Erst in Mehl, dann in verquirltem Ei und schließlich in Semmelbröseln wälzen und in heißem Öl (170°) frittieren. Mit Zitronenspalten servieren.

TIPP

Dazu schmeckt Tomatensalat. In Maroko werden dazu 4 sehr reife Tomaten und 1 rote Zwiebel gerieben (ich schneide die Zwiebel lieber fein), mit 2 EL Olivenöl vermengt und mit Salz, Pfeffer und Zitronensaft abgeschmeckt. Obenauf kommt noch gehackte Minze, Petersilie oder Koriander (oder auch alle drei).

APRIKOSENHÜHNCHEN
Süßes Couscous & Möhre

SÜSSES COUSCOUS

1 Schalotte | ½ Soloknoblauch | 1 rote Chilischote | 50 g Butter | Zimt | gemahlener Kreuzkümmel | gemahlener Koriander | Fenchelsamen | gemahlener Kardamom | 200 g Couscous | 200 ml Gemüsebrühe | 80 g gemischte Nüsse (Pistazien, Pinienkerne, Mandeln) | ½ Granatapfel (ersatzweise getrocknete Cranberrys oder 1 Handvoll Rosinen) | 5 Datteln

1. Die Schalotte fein schneiden, Knoblauch und Chili fein hacken. Alles in Butter anschwitzen. Die Gewürze kurz mit anschwitzen. Couscous dazugeben und mit Brühe aufgießen. Die Masse gut vermischen. Im Dämpfer oder über einem Sieb im heißen Wasserdampf ca. 15 Min. dämpfen.
2. Den Backofen auf 160° (Umluft) vorheizen und die Nussmischung, wenn die Temperatur erreicht ist, 2-3 Min. darin rösten.
3. Den Granatapfel entkernen, die Datteln in Streifen schneiden. Mit den Granatapfelkernen kurz vor dem Servieren unter den Couscous mischen.

TIPP

Sie können statt der einzelnen Gewürze den Couscous auch mit Baharat oder Ras el Hanout würzen – oder diese Mischungen noch zusätzlich dazugeben.

GEBRATENE MAISPOULARDE

4 Maishähnchenbrüste mit Haut (ersatzweise Hähnchenbrust oder Kaninchenrückenfilets) | 1 EL Ras el Hanout | Kurkuma | Salz | 2 EL fetter Joghurt (10 % Fett)

1. Die Hähnchenbrüste bzw. Kaninchenfilets mit Ras el Hanout, Kurkuma und etwas Salz einreiben und mit dem Joghurt marinieren – am besten für mehrere Stunden.
2. Den Backofen auf 160° (Umluft) vorheizen. Die Hähnchenbrüste mit der Hautseite nach unten in eine beschichtete kalte Pfanne legen und bei kleiner Temperatur die Haut knusprig braten. Die Brüste wenden und für ca. 12 Min. in den Ofen schieben. (Hähnchenbrust oder Kaninchenrückenfilets, die ja keine Haut haben, oder Fleisch, das schon vorgeschnitten ist, in etwas Butter von allen Seiten anbraten.)

Bitte weiterlesen →

ORANGENMÖHREN

4 Möhren (orange, gelb, violett) | 300 ml Orangensaft | 1 Spritzer Orangenblütenwasser | 1 rote Chilischote | Saft von 2 Limetten | ausgelöste Kerne von 2 Passionsfrüchten | Salz

Die Möhren schälen und in hauchdünne Streifen schneiden. Die restlichen Zutaten zusammen aufkochen und mind. 10 Min. ziehen lassen. Die Möhren zugeben, im Sud aufkochen und anschließend darin erkalten lassen. (Alternativ nur die Hälfte der Möhren im Fond kochen. Die andere Hälfte roh mit dem Sud marinieren.)

EINGELEGTE APRIKOSEN

8 Aprikosen (schmeckt auch mit Äpfeln, Birnen, Kürbis oder Möhren) | 50 g Ingwer | 120 g Apfelessig | 200 g brauner Zucker | 3 Lorbeerblätter | 5 Sternanise | 10 Pfefferkörner | 10 Kardamomkapseln (angedrückt) | 1 TL Koriandersamen | 2 Stück Nelken

1. Die Aprikosen halbieren, entsteinen und in gleich große Stücke schneiden. Den Ingwer in feine Scheiben schneiden.
2. Den Apfelessig mit 400 ml Wasser, dem Zucker, dem Ingwer und allen anderen Aromaten aufkochen und mind. 10 Min. ziehen lassen – je länger, desto besser.
3. Die Aprikosen in den heißen Fond geben. Einmal aufkochen und die Früchte dann in der Flüssigkeit erkalten lassen.

Marokko ist einfach ein Traumland, das alles bietet, was ich so gerne mag: buntes Treiben, unberührte Natur, Wüste und Strand, orientalische Lässigkeit und eine unfassbar abwechslungsreiche Küche.

INJERA-PLATTE
Hühnchen & Rindfleisch

LINSEN

1 Zwiebel | ½ Soloknoblauch | ½ rote Chilischote | 2 EL Butter | 2 EL Tomatenmark | 150 g Tellerlinsen | 1 EL Berbere | 400 ml Gemüse-, Hühner- oder Rinderbrühe

Zwiebel fein schneiden, Knoblauch und Chili fein hacken. In Butter anschwitzen, Tomatenmark, Linsen und Berbere dazugeben. Kurz mitschwitzen, dann mit einem Teil der Brühe ablöschen. Auf kleiner Hitze unter gelegentlichem Rühren weich kochen und bei Bedarf immer wieder Brühe dazugeben.

MÖHREN-SPITZKOHL-GEMÜSE

1 Schalotte | ½ Soloknoblauch | 1 kleine Möhre | 1 Spitzkohl | 1 EL Ghee oder Butterschmalz | Salz | 1 TL Schwarzkümmel | 1 Chili

Schalotte und Knoblauch fein schneiden. Möhre und Spitzkohl in feine Stifte bzw. Streifen schneiden. Ghee bzw. Butterschmalz in einer Pfanne erhitzen, Schalotte und Knoblauch darin anschwitzen. Möhre und Spitzkohl zugeben. Gut salzen und den Schwarzkümmel zufügen.Kurz anschwenken, dann mit Deckel vor sich hin schmoren lassen. Die Chili in feine Ringe schneiden und zum Schluss unterrühren. Abschmecken.

SPINAT

½ Soloknoblauch | 1 Schalotte | 1 rote Chilischote | 500 g frischer Spinat | 1 EL Rapsöl | Salz | Pfeffer

Knoblauch hacken, Schalotte und Chili in feine Ringe schneiden. Spinat hacken. Das Öl in einer Pfanne erhitzen und Schalotten glasig andünsten. Knoblauch, Chili und Spinat dazugeben und kräftig mit Salz und Pfeffer würzen. Der Spinat soll nur zusammenfallen, nicht braten.

Bitte weiterlesen →

SCHARFES CURRY MIT HÄHNCHENFLEISCH

4 Hühnerkeulen (in der Mitte getrennt) | Salz | 2 EL Berbere | 2 EL Ghee (nach Bedarf) | 2 Zwiebeln | 2 Soloknoblauch | 1 rote Chilischote | 4 EL Tomatenmark | 5 Kardamomkapseln (angedrückt) | 1 Stange Zimt | 5 Nelken | 30 g Ingwer | 6 Tomaten (gewürfelt; ersatzweise 400 g gehackte Dosentomaten) | 250 ml Gemüsebrühe | 4 Eier | etwas Saft und abgeriebene Schale von 1 Bio-Zitrone

1. Die Hühnerkeulen rundum mit Salz und Berbere kräftig würzen. In eine kalte Pfanne geben und bei mittlerer Hitze knusprig anbraten. Vorsicht, die Gewürze sollten nicht verbrennen. Bei Bedarf Ghee zugeben.
2. Zwiebeln fein schneiden, Knoblauch und Chili fein hacken. Zum Hühnchen geben und kurz mitschwitzen. Tomatenmark hinzufügen und kurz mitrösten. Kardamom, Zimt und Nelken dazugeben und den Ingwer dazureiben. Mit gehackten Tomaten und Gemüsebrühe ablöschen.
3. Bei geschlossenem Deckel ca. 45 Min. schmoren, bis die Hühnerkeulen gar, aber noch saftig sind. Kurz vor Ende der Garzeit den Deckel öffnen, damit die Sauce einreduzieren kann.
4. Die Eier separat hart kochen, abschrecken, pellen und vor dem Servieren in die Sauce geben. Mit etwas Zitronensaft und -abrieb abschmecken.

GEBRATENES FLEISCH

200 g Rinderhüfte | Salz | Pfeffer | 1 TL Berbere | 1 gelbe Paprika | 1 Zwiebel | 1 TL Ghee

Die Rinderhüfte in feine Streifen schneiden und sehr kräftig mit Salz, Pfeffer und Berbere würzen. Paprika und Zwiebel ebenfalls in feine Streifen schneiden. Eine Pfanne erhitzen, die Ghee dazugeben. Das Fleisch darin scharf anbraten. Paprika und Zwiebeln dazugeben, abschmecken und sofort servieren.

ANRICHTEN

Zusätzlich: Injera (äthiopisches Sauerteigbrot)

Ein Injera auf den Teller legen und die einzelnen Komponenten sowie je ein halbiertes hart gekochtes Ei aus dem Hähnchencurry darauf anrichten. Dazu passt der leichte Salat mit Koriander von Seite 152.

Äthiopien war kulinarisch eine echte Herausforderung. Aber fernab des Molochs Addis Abeba habe ich wunderbare Landschaften und interessante Menschen kennengelernt.

BRIK
Thunfisch & Ei

400 g mehlige Kartoffeln | Salz | Kurkuma | 200 g frischer Blattspinat | 1 Schalotte | 1 Soloknoblauch | 2 Zweige Petersilie | 1 Flocke Butter zum Anschwitzen | Pfeffer | 150 g Thunfisch (aus der Dose; im eigenen Saft) | 100 g geriebener Käse (z. B. Edamer) | 1 EL Kapern | Öl zum Frittieren (Sonnenblumen- oder Frittieröl) | 4 Brikblätter | 4 Eier | Saft von 1 Zitrone

1. Die Kartoffeln schälen, grob würfeln und in mit einer Prise Kurkuma gewürztem Salzwasser ca. 15 Min. weich kochen. Abgießen, ausdampfen und abkühlen lassen. Den Spinat waschen und abtropfen lassen. Schalotte, Knoblauch und Petersilie fein schneiden.
2. Die Butter in einer Pfanne schmelzen, Schalotten und Knoblauch darin anschwitzen. Den Spinat zugeben und ganz kurz mitgaren. Mit Salz und Pfeffer würzen.
3. Die gekochten Kartoffeln mit einer Gabel zerdrücken. Thunfisch, Käse, Spinat, Petersilie und Kapern unter die Kartoffeln mischen und mit Salz, Pfeffer und einer Prise Kurkuma würzen.
4. In einer großen Pfanne das Frittieröl auf 160° erhitzen. Die Brikblätter in einen Suppenteller legen und auf einer Seite mit 3 EL Kartoffelmasse befüllen. Eine Kuhle in die Masse drücken und je 1 rohes Ei hineinschlagen. Das Brikblatt darüberklappen und vorsichtig ins heiße Öl ziehen.
5. Bei mittlerer Temperatur von jeder Seite max. ½ Min. goldbraun frittieren. Wenn beide Seiten knusprig sind, herausnehmen und auf Küchenpapier abtropfen lassen. Vor dem Servieren mit Zitronensaft beträufeln.

SALAT

Saft und etwas abgeriebene Schale von 2 Bio-Zitronen | Salz | Pfeffer | getrocknete Minze (nach Belieben) | 2 EL Olivenöl | ½ Gurke | 2 Tomaten | 2 gelbe Paprika | 1 rote Zwiebel

Zitronensaft und -schale mit Salz und Pfeffer kräftig würzen, Minze zufügen und das Öl einrühren. Gurke, Tomaten und Paprika in gleich große Würfel, Zwiebel in Streifen schneiden und alles im Dressing marinieren.

COUSCOUS »TOUNSI« Rind & Paprika

2 Zwiebeln | 2 Soloknoblauch | 2 EL Rinderfett oder Butterschmalz | 4 scharfe grüne Spitzpaprika (ersatzweise 1 Chilischote) | 500 g Rinderhüfte (in Würfeln) | Salz | Pfeffer | 1 TL Kurkuma | 1 EL Ras el Hanout | 1 TL Kreuzkümmel | 1 TL Paprikapulver | 1 TL Fenchelsamen | 100 g Tomatenmark | 1 l Gemüse- oder Rinderbrühe | 250 g gehackte Tomaten (aus der Dose) | 100 g Kichererbsen (über Nacht eingeweicht) | 2 Kartoffeln | 2 Möhren | 200 g Kürbis | 150 g Couscous | 50 g Butter

1. Die Zwiebeln vierteln, den Knoblauch hacken. In einem Topf das Rinderfett bzw. Butterschmalz erhitzen, die Spitzpaprika von allen Seiten darin anbraten und wieder aus der Pfanne nehmen.
2. Das gewürfelte Fleisch kräftig mit Salz und Pfeffer, Kreuzkümmel, Ras el Hanout und Kurkuma würzen. In derselben Pfanne von allen Seiten anbraten. Zwiebeln und Knoblauch zugeben, ebenso Paprikapulver und Fenchelsamen. Das Tomatenmark kurz mit anrösten, dann mit Gemüse- bzw. Rinderbrühe und Dosentomaten ablöschen. Die eingeweichten Kichererbsen zugeben und 1 Std. köcheln lassen.
3. Währenddessen Kartoffeln, Möhren und Kürbis in Scheiben schneiden und hübsche Formen ausstechen. Nach 1 Std. zum Fleisch geben und weitere 15 Min. mitköcheln.
4. Den Couscous in einer Schüssel mit 150 ml Wasser befeuchten, kurz zwischen den Händen reiben und in einem Dämpfer oder in einem Sieb über kochendem Wasser ca. 10 Min. dämpfen (er sollte noch bissfest sein). In eine Schüssel geben, mit etwas Tomatensauce mischen, die Butter in Flöckchen unterheben und weitere 5 Min. dämpfen.
5. Den Couscous mit etwas Sauce vermengen. Er soll nicht zu feucht werden, aber Geschmack annehmen. Auf Tellern anrichten und das Rindfleisch sowie das Gemüse anlegen.

TIPP

Leider sind die scharfen Spitzpaprika aus Tunesien hierzulande nicht erhältlich. Daher gebe ich gern immer noch ein paar Bratpaprika (Pimientos) zum Couscous.

OKTOPUSTERRINE
Harissa & Kichererbse

OKTOPUSTERRINE

1 Oktopus (ca. 1,2 kg; küchenfertig) | 750 ml Rotwein | Salz | 1 EL Fenchelsamen | 1 Zweig Rosmarin | 1 Zweig Thymian | 6 Blatt Gelatine | 1 kleiner Soloknoblauch | etwas Chili | 2 EL Olivenöl | Saft und etwas abgeriebene Schale von 1 Bio-Zitrone

1. Den Oktopus abwaschen, mit dem Wein, reichlich Salz, Fenchelsamen, Rosmarin und Thymian in einen Topf geben. Einen zweiten kleineren Topf mit Wasser füllen und den Oktopus damit beschweren. In 50–80 Min. weich, aber nicht faserig kochen. Herausnehmen, abtropfen lassen und Reste von Kräutern und Gewürzen entfernen.
2. Die Arme vom Oktopus abtrennen, den Rest in Teile schneiden. Alles in eine Schüssel geben. Die Gelatine in kaltem Wasser einweichen. Knoblauch und Chili sehr fein hacken und in 1 EL Öl anschwitzen. Die Gelatine ausdrücken und in der Mischung auflösen. Zum noch warmen Oktopus geben und evtl. nachwürzen. Dann die Teile mitsamt der Marinade gleichmäßig unten in einen Vakuumbeutel verteilen, vakuumieren und stramm einrollen. (Alternativ können Sie die Teile auch auf einem Stück Frischhaltefolie verteilen, sie darin stramm aufrollen und die Enden verdrehen.) Mind. ½ Tag sehr gut durchkühlen.
3. Vor dem Servieren in Scheiben schneiden und mit etwas Zitronensaft, abgeriebener Zitronenschale und einem Spritzer Olivenöl marinieren.

TIPP

Was von der Terrine übrig bleibt, können Sie einfrieren, ein andermal unaufgetaut in möglichst dünne Scheiben schneiden und als Carpaccio servieren.

FENCHELSALAT

Saft von 1 Zitrone | Salz | 1 EL Olivenöl | Zucker | 1 Fenchelknolle | Filets von ½ Zitrone

Zitronensaft mit Salz kräftig würzen und dann das Olivenöl dazugeben. Mit einer Prise Zucker abschmecken. Den Fenchel fein schneiden oder hobeln. Fenchel und Zitronenfilets vorsichtig mit dem Dressing vermengen. 1 Std. marinieren.

Bitte weiterlesen →

PATEFRUIT

170 ml Tomatensaft | Salz | Pfeffer | Zitronensaft | Chilipulver oder Baharat | 12 g Glukose | 4 Blatt Gelatine | 90 ml Olivenöl

Tomatensaft mit Salz, Pfeffer, Zitronensaft und Chilipulver bzw. Baharat würzig abschmecken. Glukose zugeben und in der Kochmaschine 10 Min. bei 70° mixen. Dann das Öl dazugeben. Gelatine in kaltem Wasser einweichen, ausdrücken und in der warmen Mischung auflösen.

KICHERERBSENSTREUSEL

50 g Kichererbsenmehl | 50 g Mandelmehl | 50 g brauner Zucker | 50 g kalte Butter | Salz | geräuchertes Paprikapulver

Den Backofen auf 180° (Umluft) vorheizen, Kichererbsenmehl auf ein Backblech streuen und im Ofen ca. 10 Min. rösten. Herausnehmen, abkühlen lassen und dann mit Mandelmehl, Zucker, Butter und je einer Prise Salz und Paprikapulver zu Bröseln kneten. Die Brösel auf einem mit Backpapier belegten Blech ca. 8 Min. golden backen.

GETROCKNETE KICHERERBSEN

100 g Kichererbsen (aus der Dose) | 50 g Butter | Paprikapulver | Ras el Hanout | Salz

Kichererbsen in einem Sieb abbrausen, abtropfen lassen und am besten ½ Tag an der Luft vortrocknen (ersatzweise 30 Min. bei 100° im Backofen vortrocknen). Den Backofen auf 180° (Umluft) vorheizen. Die Butter schmelzen, mit je einer guten Prise Paprikapulver und Ras el Hanout würzen, salzen, mit den Kichererbsen vermengen und im Ofen backen, bis sie knusprig sind. Das dauert ca. 10 Min. Die Kichererbsen zerstoßen und mit den Bröseln vermengen.

GEWÜRZHUMMUS

3 Schalotten | 1 Soloknoblauch | 1 rote Chilischote | 2 EL Butter | 1 EL Baharat | 200 g Kichererbsen (aus der Dose) | Kreuzkümmel | 200 ml Gemüsebrühe | Salz | etwas Saft und abgeriebene Schale von 1 Bio-Zitrone

Schalotten fein schneiden, Knoblauch und Chili fein hacken und in der Butter anschwitzen. Mit Baharatgewürz bestäuben, die Kichererbsen und eine Prise Kreuzkümmel dazugeben und mit Brühe ablöschen. Einmal aufkochen, dann die Temperatur herunterdrehen und bei kleiner Hitze ca. 10 Min. köcheln lassen. Im Standmixer pürieren, evtl. anschließend noch durch ein feines Sieb passieren, mit Salz sowie etwas Zitronensaft und -abrieb abschmecken und den Hummus in einen Spritzbeutel abfüllen.

HARISSA

1 kg rote und grüne Spitzpaprika (möglichst dick) | 400 g Zwiebeln | 200 g Strauchtomaten | 3 rote Chilischoten | 3 Soloknoblauch | gemahlener Koriander | gemahlener Kreuzkümmel | 100 ml Olivenöl | Oliven (ohne Stein; nach Belieben)

1. Den Backofen auf 250° (Ober-/Unterhitze) vorheizen. Spitzpaprika, Zwiebeln und Tomaten halbieren und mit dem ungeschälten Knoblauch und den Chilischoten auf ein Backblech legen. Im Ofen (oberste Einschubleiste) ca. 10 Min. backen. Wenn Ihr Herd eine Grillfunktion hat, genügen 5 Min. Gemüse herausnehmen und grob von der schwarzen Haut befreien.
2. Das gegrillte Gemüse mit je einer Prise Koriander und Kreuzkümmel im Mixer grob pürieren oder mit einem großen Messer hacken. Mit Olivenöl abschmecken. Evtl. Oliven in Ringe schneiden und untermischen.

ANRICHTEN

Die gekühlte Oktopusterrine in Scheiben schneiden und die restlichen Komponenten rundherum verteilen.

Die klassische Harissa Mechouia, eines meiner ganz persönlichen Lieblingsgerichte, wird mit hart gekochten Eier angerichtet. Dazu passt perfekt arabisches Fladenbrot oder knuspriges Baguette.

MEIN SHAKSHUKA
Tomate & Ei

1 Soloknoblauch | 2–3 rote Chilischoten | 2 Zwiebeln | 2 große Paprika | 2 EL Olivenöl | 2 EL Tomatenmark | Kreuzkümmel | Koriander | Paprikapulver | Baharat | 400 g gehackte Tomaten (aus der Dose) | 100 g gekochte Kichererbsen | Salz | Pfeffer | 5–6 Eier | 50 g Oliven | 100 g Feta | 2 EL gehackte Petersilie | etwas gehackte Minze

1. Knoblauch und Chilis fein hacken. Zwiebeln schälen und in feine Würfel schneiden. Paprika putzen und in Würfel schneiden.
2. Das Olivenöl in der Pfanne auf mittlerer Temperatur erwärmen. Knoblauch und Chilis kurz anschwitzen. Erst die Zwiebeln und die Paprikawürfel, dann das Tomatenmark und die Gewürze hinzugeben und kurz mit anschwitzen. Mit den gehackten Tomaten ablöschen. Die Hitze ein wenig reduzieren, die Kichererbsen dazugeben und alles ca. 10 Min. köcheln lassen. Zum Schluss noch einmal mit Salz und Pfeffer abschmecken.
3. Die Eier auf dem Shakshuka aufschlagen. Die Oliven drumherum verteilen und den Feta darüber zerbröseln. So lange weitergaren, bis die Eier die gewünschte Konsistenz haben – nicht umrühren! Ich persönlich mag die Eier noch etwas flüssig, andere mögen sie etwas gegarter. Mit gehackten Kräutern bestreuen und mit Fladenbrot servieren.

MARKA BIL DJEJ
Erbse & Kartoffel

TOMATENSAUCE

3 EL Olivenöl | 200 g grüne Spitzpaprika | 2 Hühnerkeulen | ½TL Koriandersamen | ½ TL Fenchelsamen | gemahlener Kreuzkümmel | Kurkuma | Ras el Hanout | 50 g Tomatenmark | 200 ml Hühnerbrühe | 200 ml gehackte Tomaten (aus der Dose) | 500 g Kartoffeln | 400 g Kürbis | 2 rote Paprika | 2 Zwiebeln | 100 g Kichererbsen (aus der Dose) | 100 g dicke weiße Bohnen (aus der Dose) | 100 g Perlzwiebeln

1. In einem Topf das Olivenöl erhitzen. Die Spitzpaprika von allen Seiten darin anbraten und wieder aus der Pfanne nehmen.
2. Die Hühnerkeule kräftig mit allen Gewürzen einreiben und in dem verbliebenen Fett braten.
3. Knoblauch und Chili hacken und kurz mit anschwitzen. Das Tomatenmark zugeben und kurz mitrösten, dann mit Hühnerbrühe und Dosentomaten ablöschen. Alles 30 Min. köcheln lassen. Währenddessen Kartoffeln und Kürbis schälen. Mit den Paprika und den Zwiebeln in Stücke schneiden. Nach 30 Min. zu den Hühnerbeinen geben, ebenso die Kichererbsen, Bohnen und Perlzwiebeln, und alles 15 Min. weitergaren.
4. Die Hühnerbeine aus der Tomatensauce nehmen und anderweitig verbrauchen. Vom Gemüse 300 g für das Paprikapüree (siehe Seite 188) abnehmen. Außerdem ein paar schöne Stücke für die Garnitur beiseitelegen. Dann die Sauce passieren und abschmecken.

GEBRATENE MAISPOULARDE

2 Maispoulardenbrüste | ½TL Koriandersamen | ½ TL Fenchelsamen | gemahlener Kreuzkümmel | Kurkuma | Ras el Hanout

Den Backofen auf 160° (Umluft) vorheizen. Die Hühnerbrüste würzen und in einer kalten Pfanne auf der Hautseite langsam anbraten. Dabei wird die Haut schön knusprig und das ganze Fett kommt heraus. Das Fleisch wenden und im Ofen ca. 5 Min fertig garen (Kerntemperatur 65°). Im ausgeschalteten Ofen bei geöffneter Klappe kurz ruhen lassen.

Bitte weiterlesen →

ERBSENFLAN

200 g Gemüsebrühe | 100 g TK-Erbsen | 1–2 Eigelbe | Salz | Pfeffer

Die Brühe erhitzen und die Erbsen darin blanchieren. Die Erbsen abgießen (dabei die Brühe auffangen), etwas abkühlen lassen und mit wenig Brühe mixen. Es soll ein schön glattes Püree entstehen, das nicht zu flüssig sein darf. Das Püree durch ein feines Sieb streichen und abwiegen und pro 100 g 1 Eigelb einmixen. Die Masse mit Salz und Pfeffer würzen und in kleine Formen abfüllen. Im Ofen bei 90° (Dampf) je nach Größe der Form ca. 10 Min. garen. (Alternativ im Wasserbad bei 110° garen.) Am Ende sollte das Püree die Konsistenz einer Crème Brûlée haben.

INFO

Marka bil Djej ist mein Lieblingsgericht aus Tunesien. Eigentlich ist es ein Schmorgericht und besteht nur aus den in Tomatensauce gegarten Hühnerkeulen. Weil ich meinen Gästen den unvergleichlichen Geschmack vermitteln, das Gericht aber auch schön präsentieren wollte, habe ich diese Version entwickelt.

PAPRIKAPÜREE

300 g gekochtes Gemüse (von der Tomatensauce Seite 187)

Das Gemüse mit dem Pürierstab mixen, es sollte ein schönes Püree sein. Allgemein gilt die Regel: Um schöne Tupfen zu spritzen, muss das Püree relativ fest sein. Wichtig ist auch, es nach dem Pürieren immer noch durch ein feines Sieb zu streichen.

ANRICHTEN

Zusätzlich: 100 g frische Erbsen (gepult) | 1 TL Butter | Kresse | Röstzwiebeln

Vor dem Servieren die Erbsen in Butter warm schwenken, salzen und pfeffern. Den Erbsenflan mit dem Paprikapüree bestreichen und die Erbsen hübsch darauf dekorieren. Die Poulardenbrust auf einen Saucenspiegel setzen, das Gemüse dazulegen und noch ein paar Tupfer Paprikapüree aufspritzen. Mit Kresse und Röstzwiebeln garnieren.

Diesem Land gehört mein ganzes Herz: Mindestens einmal im Jahr muss ich nach Tunesien reisen, sonst fehlt mir einfach etwas. Auch die unverfälschte, scharf gewürzte Küche hat es mir angetan.

REZEPTREGISTER

DANK

Vielen Dank an alle, die mich überredet haben, mich an das Projekt Kochbuch zu wagen – und noch mehr an die, die mich dann dabei unterstützt haben. Insbesondere danke ich GU und Simone Kohl für die vielen Freiheiten, meiner Fotografin Melanie Bauer für ihre wunderschönen Fotos und meiner Lektorin Sylvie Hinderberger für ihre Geduld und ihr Gespür für das, was ich sagen wollte. Und natürlich danke ich auch meinem großartigen »Küchenteam«: Anne (Dessert), Celine (Asia und Deko), Patrick (Mice en place), Rahul, Max, Yasin, Yunus und die restliche Truppe. Ihr seid die Besten! Danke, Mama und Papa – und Oma und Opa, für die vielen tollen kulinarischen Momente.

IMPRESSUM

GRÄFE UND UNZER

Gräfe und Unzer ist eine eingetragene Marke der GRÄFE UND UNZER VERLAG GmbH, www.gu.de

ISBN 978-3-8338-8053-7
2. Auflage 2022

Projektleitung: Simone Kohl
Text und Lektorat: Sylvie Hinderberger
Bildredaktion: Sylvie Hinderberger, Nafsika Mylona
Umschlaggestaltung und Layout: Ki36 Editorial Design, München, Bettina Stickel
Herstellung: Markus Plötz
Satz: Christopher Hammond
Reproduktion: Ludwig Media, Zell am See
Druck: Firmengruppe APPL, Wemding
Bindung: conzhella, Pfarrkirchen

Die GU-Homepage finden Sie unter www.gu.de

GRÄFE UND UNZER

Ein Unternehmen der
GANSKE VERLAGSGRUPPE

Umwelthinweis:
Nachhaltigkeit ist uns sehr wichtig. Der Rohstoff Papier ist in der Buchproduktion hierfür von entscheidender Bedeutung. Daher ist dieses Buch auf PEFC-zertifiziertem Papier gedruckt. PEFC garantiert, dass ökologische, soziale und ökonomische Aspekte in der Verarbeitungskette unabhängig überwacht werden und lückenlos nachvollziehbar sind.

Bildnachweis:
Cover: Melanie Bauer Photodesign; shutterstock
Rezept- und Peoplefotos: Melanie Bauer Photodesign
Reisebilder: AdobeStock: S. 104, 113 unten, 119 unten re., 127 unten re., 154, 171 unten re.; istock: S. 41 unten r.; Julia Komp: S. 9, 11, 12, 40 groß, 41 oben und unten li., 46, 49, 51, 52, 81 oben, unten re. und li., 86, 91 unten li. und re., 102 klein, 103 unten re. und li., 107, 119 unten li., 126 groß, 127 oben re. und unten li., 131, 147 Mitte und unten, 153 unten re. und li., 157, 158, 161, 163 groß und klein, 171 oben und unten li., 175, 189 oben und unten re. und li.; GettyImages: S. 42; Seasons: S. 189 Mitte; Shutterstock: S. 91 oben, 127 oben; Unsplash: S. 6 (Abuli Munavary), 40 klein (Benedikt Blum), 81 (Stefano Alemani), 82 (Chi Hung Wong), 102 (Jason Cooper), 103 oben (Florian Wehde), 119 oben (Bantersnaps), 126 klein (Jet Dela Cruz), 128 (Jcob Nasyr), 147 oben (Sylwia Bartyzel), 153 oben (Hendrik Cornelissen).

Syndication: www.seasons.agency